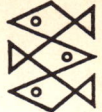

Über dieses Buch Vom Schulpsychologen werden oft geradezu magische Fähigkeiten erwartet. Er soll »Problemfälle« behandeln, Ursachen von Störungen beseitigen und für einen reibungslosen Ablauf des Schulbetriebs sorgen. Doch wer immer den Schulpsychologen auffordert, sich einzuschalten, ob Lehrer, Schüler oder Eltern, er tut dies nicht »für sich«; keiner fühlt sich als »Klient«. Das dem Schulpsychologen zugewiesene Feld ist immer »die Pathologie der anderen«. Die Unzufriedenheit mit dieser paradoxen Berufssituation führte die Autoren mit der Mailänder Familientherapeutin Mara Selvini-Palazzoli zusammen, und die Gruppe versuchte, mit Hilfe des systemtheoretischen Modells der Familientherapie neue schulpsychologische Arbeitsformen zu finden.

Die Autoren Mara Selvini-Palazzoli ist als Familientherapeutin in Mailand tätig. Sie hat zahlreiche Arbeiten über familien- und gruppentherapeutische Fragen veröffentlicht. Ihre Mitautoren sind Psychologen, die an großen pädagogischen Institutionen in Italien tätig waren.

Mara Selvini-Palazzoli u. a.
Der entzauberte Magier
Zur paradoxen Situation des Schulpsychologen

Unter Mitarbeit von S. Cirillo, L. D'Ettore,
M. Garbellini, D. Ghezzi, M. Larma, M. Lucchini,
C. Martino, G. Mazzoni, F. Mazzucchelli, M. Nichele

Aus dem Italienischen
von Ulrike Stopfel

Fischer
Taschenbuch
Verlag

Geist und Psyche
Begründet von Nina Kindler 1964

Ungekürzte Ausgabe
Veröffentlicht im Fischer Taschenbuch Verlag GmbH,
Frankfurt am Main, Januar 1991
Lizenzausgabe mit freundlicher Genehmigung des
Verlags Klett-Cotta, Stuttgart
Die italienische Originalausgabe erschien
unter dem Titel »Il mago smagato« im Verlag
Feltrinelli Economica
© 1976 Feltrinelli Economica
Für die deutsche Ausgabe
© Ernst Klett Verlag GmbH & Co. KG, Stuttgart 1978
Umschlaggestaltung: Buchholz/Hinsch/Hensinger
Satz: Hieronymus Mühlberger, Augsburg
Druck und Bindung: Clausen & Bosse, Leck
Printed in Germany
ISBN 3-596-10270-7

Inhalt

Vorwort von Mara Selvini Palazzoli ... 9
Einführung ... 13

I Der Schulpsychologe: Eine historische Betrachtung
der Formen und Möglichkeiten seiner Intervention ... 18
1. Die wachsende Anzahl von Veröffentlichungen und
Untersuchungen zum Thema: »Die Rolle des
Psychologen« ... 19
2. Wer sind die potentiellen »Klienten« des Schulpsychologen,
und was erwarten sie von ihm? ... 22
3. Der Schulpsychologe: Eine kritische Analyse ... 28
Intervention im großen Rahmen: Die Reihenuntersuchung ... 28
Intervention auf Antrag: Der Problemschüler ... 30
Die psychoanalytische Ausrichtung und der Gebrauch der
Freudschen Terminologie in der Schule ... 35
»Keine Intervention« – eine revolutionäre Entscheidung? ... 41
4. Zur »Rolle des Schulpsychologen«. Eine zusammenfassende
Übersicht. (Veröffentlichung der Provinzialverwaltung
Mailand, 1974) ... 43

II Theoretische Überlegungen ... 47
5. Epistemologische Gemeinsamkeiten der traditionellen
Interventionsformen ... 48
6. Der systemtheoretische Ansatz ... 52
7. Was ist ein System? ... 55
8. Merkmale des Systems: Homöostase und Veränderung ... 57
9. Eine operative Definition des Systems: Systeme und
Subsysteme ... 59
10. Die schulische Gemeinschaft als System ... 62
11. Die Definition der Beziehung ... 65
12. Der Kontext und seine Ausprägung ... 68
13. Neuformulierung des Konzepts der Manipulation ... 74

III Formen der Intervention: Versuch und Verwirklichung ... 76
Vorbemerkung ... 77
14. Die Ausdehnung des Beobachtungsfeldes ... 78
15. »Heilsverordnungen« ... 81
16. Metakommunikation ... 83

17. Die negative Bewertung ... 85
18. Die positive Bewertung ... 87
19. Die paradoxe Methode der Symptomverschreibung ... 89
20. Die paradoxe Vorhersage ... 92
21. Ansatz am »Knotenpunkt des Systems« ... 94
22. Schlußfolgerung: Grundlagen des strategischen Vorgehens ... 95

IV Fallbeispiele ... 102
　Vorbemerkung ... 103
　23. Eine Modellschule in chaotischer Situation: Der lehrreiche Fehlschlag ... 104
　　Was bedeutet »Ganztagsschule«? ... 104
　　Die Mittelschule von B. C. Der Ablauf der Ereignisse ... 106
　　Der Psychologe bringt das Problem vor die Forschungsgruppe ... 115
　　Die Intervention des Psychologen und das Mißlingen des Schulversuchs ... 117
　　Die Gründe und Umstände des Fehlschlages ... 119
　24. Der schwierige Schüler. Beispiel einer mißlungenen Intervention ... 123
　　Kommentar ... 124
　25. Der Versuch, das Beraterteam in die Modellschule zu integrieren: Ein Teilerfolg ... 127
　　Die Situation ... 127
　　Die Intervention ... 127
　　Kommentar ... 128
　26. Beispiel einer geglückten Neudefinition der Beziehung ... 130
　　Der Verlauf der Unterredung ... 130
　　Kommentar ... 131
　27. Ein Streit und seine Beilegung ... 133
　　Überlegungen vor dem Gespräch ... 134
　　Die Empfehlungen der Forschungsgruppe ... 134
　　Das Gespräch mit der Schulleiterin ... 135
　　Das Gespräch mit der Psychologin ... 136
　　Die weitere Entwicklung ... 136
　　Weitere Beobachtungen ... 137
　28. Die uneingestandene Koalition. Das Beispiel einer wirksamen und lehrreichen Intervention ... 140
　　Analyse des Systems ... 140
　　Die Modalitäten der Intervention werden festgelegt ... 144
　　Die eigentliche Intervention ... 149

Das Team beschließt, seine Taktik zu ändern . . . 150
Ergebnisse und Schlußfolgerungen . . . 150
29. Prädefinition der Beziehung und Prägung des Kontextes . . . 153
Die Strategie . . . 153
Der Wortlaut des Dokumentes . . . 154
Ergebnisse und Folgen . . . 155
Anmerkungen . . . 157
Bibliographie . . . 167

Vorwort

Wer ein Manuskript in Druck geben will, muß sich mit einer Reihe von Zweifeln herumschlagen, die in der Regel durchaus berechtigt sind. Vielleicht ließe sich noch manches daran verbessern, diese oder jene Unebenheit glätten, vielleicht könnte man den einen oder anderen wichtigen Gedanken doch etwas stärker betonen und dafür an anderer Stelle zurückhaltender formulieren. Alle diese Überlegungen gelten ohne Einschränkung auch für den vorliegenden Band. Es ist ja ganz offensichtlich, daß dieses Buch eigentlich die Geschichte eines recht heterogenen Bündnisses erzählt: eine Reihe von Psychologen, die in großen Institutionen (Schulen, heilpädagogischen Einrichtungen) tätig waren, schloß sich zu einer Gruppe zusammen, um unter der Führung und Anleitung einer Familientherapeutin zu arbeiten (die von Berufs wegen keineswegs mit den Problemen der Schule vertraut war). Die Psychologen, ständig unzufrieden mit ihren beruflichen Umständen und Möglichkeiten, gewannen auf diese Weise Einblick in die Anwendung des systemtheoretischen Modells auf die Arbeit mit Familien und waren begeistert. Ihr Überschwang wurde dann allerdings durch die praktische Arbeit »vor Ort« und die Lehren, die sie aus ihren Fehlern zogen, wieder gedämpft (Fehler übrigens, die man nur sehr ungern zugibt, wenn man sie aus einer gewissen zeitlichen und damit auch wissens- und erfahrungsmäßigen Distanz betrachtet). So war es der Gruppe beispielsweise lange Zeit einfach nicht möglich, zusammenhängend, klar und erschöpfend darzustellen, worin denn die grundsätzliche Verschiedenheit der Position des Schulpsychologen von der des Familientherapeuten eigentlich bestand, von der sie doch fest überzeugt war. Statt dessen beharrten die Gruppenmitglieder lange auf der mehr oder weniger »wörtlichen« Übernahme bestimmter familientherapeutischer Maßnahmen und entdeckten erst allmählich, daß die damit übernommenen begrifflichen Modelle nicht etwa rasche Erfolge verhießen, sondern vielmehr zur Beantwortung der Frage beitragen mußten, *warum* denn die Interaktion zwischen dem Psychologen und der Schule dysfunktional war. Schließlich ergab sich folgendes — und mir scheint, dies ist das wichtigste Ergebnis unserer Arbeit: Der Psychologe sah sich in der Institution, ob sie ihn nun gerufen hatte oder ob er hingeschickt worden war, stets disqualifiziert, so wie sich ein Analytiker durch den Klienten disqualifiziert sehen würde, wenn er vergessen hätte, die goldene Regel anzuwenden, nämlich die

Beziehung zum Klienten zu definieren und die entsprechenden Grundsätze aufzustellen, um so jederzeit die Kontrolle über die Beziehung zu haben.

Nachdem dieser grundlegende Punkt geklärt war, mußte überlegt werden, in welcher Weise der Psychologe in der Institution seine Beziehung zu den Klienten definieren und den für sein fachliches Eingreifen angemessenen Kontext schaffen könnte. Das war nicht einfach, denn es war ja gar nicht klar, wer denn eigentlich die »Klienten« sein sollten.

Es ist auch interessant festzustellen, daß diese Aufgabe – die mühevollen Verhandlungen mit den Vertretern der Schule –, eine Arbeit, die unbedingt am Beginn aller Bemühungen stehen sollte, in Wirklichkeit das letzte Thema war, mit dem die Gruppe sich beschäftigte. Ich habe die Phase des Verhandelns ganz mit Absicht als mühevoll gekennzeichnet, eben damit man ihre ganze Komplexität erkennt. Es genügt einfach nicht, wenn der Psychologe der Schule oder der Institution allgemein ein schriftliches Programm überreicht. Im letzten Kapitel des dritten Teils dieses Buches und im dritten und sechsten Abschnitt der Fallbeispiele wird ausgeführt, in welcher Weise man sich auf den verschiedenen hierarchischen Ebenen um einen Konsens bemühen muß, der sich dann bei näherer Betrachtung der Umstände nicht doch nur als »schöner Schein« erweist.

Im zweiten Teil dieses Buches, der sich mit theoretischen Überlegungen befaßt, ging es uns darum, den systembezogenen Ansatz nicht in allgemeiner Form, sondern in seiner Anwendung auf den spezifischen Bereich der Schule darzustellen. Das ist uns in einigen Fällen auch gelungen. Man betrachte etwa den fünften Abschnitt, in dem gezeigt wird, wie es der Gruppe gelang, sich bestimmten, theoretisch völlig berechtigten, praktisch aber unrealistischen Forderungen zu entziehen: sie steckte innerhalb des großen Systems »Schule« bestimmte Subsysteme ab, die einer Intervention tatsächlich zugänglich waren. Andere Abschnitte betonen dagegen noch zu stark den Gedanken der Übertragung abstrakter theoretischer Modelle. So verdient die »Schulklasse als System« durchaus eine eingehendere Betrachtung, schon deshalb, weil die Lehrer, insbesondere bei der augenblicklichen Konjunktur, keineswegs so bedeutsame Gestalten sind wie etwa die Eltern. Man denke etwa an die unlängst veröffentlichte Untersuchung von Tucker[1], nach der Schüler nicht selten ihre häuslichen Verhaltensweisen auf das Leben in der Schulklasse übertragen, so wie die Lehrer ihrerseits das Verhalten der Eltern nachahmen. In diesem Zusammenhang ist die Beobachtung wichtig, daß die so sehr erwünschte Zusammenarbeit zwischen Elternhaus und Schule, solange sie nicht durch entsprechende Untersuchungen und Forschungen gelenkt wird, häufig die

Übertragung bestimmter familialer Dysfunktionen und Mythen auf die Schule eben nicht verhindert, sondern sogar noch begünstigt (das gilt nicht nur für die »Schulversager«, sondern auch für die angepaßten »guten Schüler«). Unsere Forschungen haben dies hinreichend erwiesen.

Die Fallbeispiele im Teil 4 bedürfen eines erklärenden Hinweises: Psychologen mit einiger Berufserfahrung werden dazu möglicherweise sagen, daß es nicht nötig war, in solcher Breite über Interventionen zu berichten, die viele instinktiv oder gewohnheitsmäßig in dieser Weise durchführen. Das mag zutreffen: Man denke an gewisse geniale Lösungen komplexer Situationen, über die Watzlawick in seinem Buch »Lösungen« und in seinem neueren Werk »Wie wirklich ist die Wirklichkeit?«[2] berichtet und die vor langer Zeit von Leuten gefunden wurden, die von systemischen Parametern und retroaktiver Ballung noch nichts wußten. Wir haben uns hier bemüht, die jeweiligen Methoden ganz genau zu konzeptualisieren und zu analysieren, damit sie, ihres »charismatischen« Charakters ledig, weitergegeben werden können und der Kritik, der Diskussion und der Verbesserung zugänglich sind.

Das Buch bietet sich daher so an, wie es ist – mit allen Mängeln eines ersten Versuches und als Grundlage für weitere Schritte in der eingeschlagenen Richtung. Vielleicht verhilft die Kenntnis der gröbsten Fehler und Irrtümer, die den Pionieren unterlaufen sind, ihren Nachfolgern zu einem glücklicheren Start.

Wir sind im Augenblick dabei, einzelne Probleme und Erscheinungen noch näher zu untersuchen. Ein Mitglied unserer Gruppe, Lucio D'Ettorre, bereitet eine sehr scharfsinnige Abhandlung vor über die Fragen der Definition der Beziehung und der Diskrepanz der logischen Stufen in der Interaktion zwischen Schulpsychologen und Lehrern.

Wir hoffen, daß auch andere sich mit den Problemen befassen werden, an denen wir gearbeitet haben, und daß sie zu weiteren und besseren Ergebnissen gelangen werden.

Schließlich beschäftigt mich noch die Frage, wie die Reaktion der Lehrer unter unseren Lesern ausfallen mag. Ich könnte mir vorstellen, daß sie unsere Arbeit bezeichnen als ein Unternehmen, das »eben den Standpunkt des Psychologen vertritt«. Aus gutem Grund, möchte ich hinzufügen. Wenn schon die gedankliche Übernahme des systemischen Modells recht schwer fällt, innerhalb dessen eine Unterscheidung nach »gut« und »böse« nicht in Frage kommt, so ist es noch weit schwieriger, sich gefühlsmäßig von gewissen Konditionierungen wieder zu lösen. Auch wenn wir in einer Anmerkung auf Seite 158 im Zusammenhang mit dem »diabolischen« Bild des Lehrers unsere begriffliche Position ganz deutlich gemacht haben, so scheint doch hier und dort immer wieder jene Unsicherheit, Ängstlichkeit und Ironie durch, die von jeher die Beziehungen zwischen den Schulpsychologen auf der einen Seite und den Schulleitern und Lehrern auf der andern getrübt hat. Und dennoch — oder besser gerade deshalb — ist diese Arbeit nur der erste Schritt, dem viele folgen müssen: die bestehenden Dichotomien müssen erkannt werden, wenn man sie überwinden und eine echte Zusammenarbeit schaffen will.

Den gleichen mühsamen Weg durch die gleichen Irrtümer hindurch haben wir zuvor schon in der Familientherapie zurückgelegt, um uns schließlich von der Weisheit des systemischen Ansatzes überzeugen zu lassen und zu der Erkenntnis zu gelangen, daß wir Therapeuten im Spiel der Interaktionen keineswegs bessere Eltern gewesen sind als diejenigen, die zu tadeln wir immerhin versucht waren.

Mailand, im September 1976   Mara Selvini Palazzoli

Nach Abschluß des Kurses, den Mara Selvini Palazzoli im akademischen Jahr 1971/1972 für die Psychologiestudenten an der Università Cattolica von Mailand über »Allgemeine Systemtheorie und menschliche Kommunikation« gehalten hatte, beschlossen einige der Absolventen im Einvernehmen mit der Dozentin, sich zu einer »Forschungsgruppe« zusammenzuschließen. Die Gruppe wollte untersuchen, ob die system- und kommunikationstheoretischen Modelle, die

Einführung

sich in bezug auf Veränderungen im Mikrosystem der Familie bereits als nützlich erwiesen hatten, sich auch in größeren Systemen mit Erfolg einsetzen lassen würden, in erster Linie in der Schule[1], dem Hauptarbeitsgebiet der einzelnen Mitglieder[2]. Den Anlaß für die Erprobung eines neuen methodischen Ansatzes hatte die Beobachtung geliefert, daß die Tätigkeit des Psychologen – sei es in der Schule, sei es in anderen Institutionen, die sich mit der Heilung und Behandlung behinderter oder sogenannter »nichtangepaßter« Menschen befassen (Sonderschulen, Rehabilitationsstätten usw.) – nicht zu befriedigenden Ergebnissen führte. Jeder Teilnehmer hatte im Rahmen seiner Tätigkeit bereits die Erfahrung gemacht, daß er das während des Studiums erworbene Wissen und Können (vor allem auf den Gebieten von Psychodiagnostik, klinischer Psychologie und Psychodynamik) gar nicht unmittelbar in praktische Maßnahmen umsetzen konnte, um so eine wünschenswerte Veränderung zu bewirken. Diese Kenntnisse waren, wie man inzwischen erkannt hatte, bestenfalls auf der Ebene der privaten therapeutischen Beziehung brauchbar. Die Praxis sah dagegen so aus, daß die Institution sich an den Psychologen wandte und eine nach bestimmten Gesetzen ablaufende Prozedur in Gang setzte; sie begann damit, daß man ein bestimmtes Verhaltensmerkmal eines einzelnen mitteilte – es handelte sich in der Regel um einen Schüler –, das als »krank« oder zumindest doch als unerwünscht betrachtet wurde. Schon auf dieser Stufe begannen die Unklarheiten:
– Das mitgeteilte Symptom ließ sich nicht leicht definieren, aber es war für den, der jeweils darüber berichtete, von großer Wichtigkeit, wenn auch in unterschiedlichen Situationen (das symptomatische Verhalten X fiel dem Erzieher A auf, nicht aber dem Erzieher B; es fiel vormittags auf, nicht nachmittags, usw.);
– entweder war das mitgeteilte Symptom unbestimmter Art, oder es war stereotyp oder schließlich in hohem Maße unstabil – der Übermittler

hatte ganz einfach Schwierigkeiten, das Symptom genau zu beschreiben;
— das mitgeteilte Symptom diente den Lehrern als Mittel in ihren Meinungsverschiedenheiten und Unstimmigkeiten untereinander.
Wenn es also nun um die endgültige Beseitigung des Symptoms ging, erhob sich die Frage: Wer ist in Wahrheit der »Klient« des Psychologen, der Übermittler oder der »übermittelte Fall«?
Es war klar, daß die Institution mit der Übermittlung des Falles zugleich um therapeutische Intervention nachsuchte. Und hier nun zeigte sich die Ohnmacht des Psychologen, der den Auftrag erhalten hatte, ein Individuum, den Symptomträger nämlich, zu »verändern«; dieser einzelne, der künstlich von seiner Umgebung isoliert worden war, wurde als Monade präsentiert. Das bedeutete, die Abfolge Übermittlung des Falles — Diagnose — Behandlung brachte die Situation starr in ein vorher festgelegtes lineares Schema, innerhalb dessen die Beziehungsaspekte im Zusammenhang mit der menschlichen Interaktion als »Kommunikationssystem« ignoriert wurden.
Ein neuer methodischer Ansatz war also ganz dringend erforderlich.
Die Forschungsgruppe arbeitete unter Mitwirkung von Mara Selvini Palazzoli von November 1972 bis Juli 1974 und wertete ihre Tätigkeit während des folgenden Jahres aus.
Zu Beginn der Arbeit waren folgende Einzelheiten festgelegt worden:
— Man wollte sich wöchentlich für jeweils zwei Stunden treffen;
— jeder Teilnehmer sollte schriftlich die spezifischen Problemsituationen darlegen, mit denen er es an seinem Arbeitsplatz in der jeweiligen Institution zu tun hatte und die die Intervention des Psychologen erforderlich machten;
— die Problemsituationen sollten in der Gruppe besprochen und systembezogen analysiert werden; anschließend sollten dann Strategien für die Intervention des Psychologen entwickelt werden;
— das Ergebnis der Intervention sollte diskutiert und, im Fall eines negativen Ausgangs, sollte nach den Fehlern gesucht werden;
— im Anschluß an diese Diskussion sollten die Ergebnisse schriftlich ausgearbeitet werden.
Im Verlauf ihrer Arbeit und besonders während des ersten Jahres diskutierte die Gruppe auch über viele Situationen, die mit der Arbeit der Teilnehmer in der jeweiligen Institution nichts zu tun hatten. Das widersprach dem von der Gruppe selbst aufgestellten Grundsatz, dem zufolge man nur Arbeitssituationen im Bereich der Institutionen erforschen wollte. Dazu ist folgendes zu sagen: Auf Zeiten, in denen die Arbeit in der jeweiligen Institution erfolgreich zu sein schien, folgten immer wieder Perioden scheinbarer Erfolglosigkeit, und bestimmte Strategien, die müh-

sam entwickelt worden waren, schienen dann wirkungslos. In solchen Zeiten der Unsicherheit kam es vermehrt zu spontanen Gesprächen über private individualtherapeutische Bemühungen. Diese »Fluchtversuche« waren zum einen durchaus lohnend für diejenigen Mitglieder der Gruppe, die auf diese Weise ihre »Fälle« öffentlich zur Diskussion stellen konnten; zum anderen wurden sie auch von den übrigen Teilnehmern wohlwollend als eine Möglichkeit aufgenommen, sich über die private Berufspraxis zu informieren. Kenntnisse dieser Art schienen nämlich, zumindest zu bestimmten Zeiten, sehr viel nützlicher zu sein als alles Wissen, das man sich mit viel Mühe und unter großen Enttäuschungen angesichts der in der Institution anstehenden Probleme zu eigen zu machen versuchte.

Die eingehende Analyse dieser Fluchtversuche, ihrer Bedeutung und ihrer Folgen brachte es schließlich mit sich, daß die Gruppe nach einem Jahr ebenso frustrierender wie ungeordneter Arbeit ihr ursprüngliches Ziel neu formulierte und sich fest vornahm, nicht davon abzuweichen. Deshalb mußte die Gruppe insgesamt und jeder einzelne Teilnehmer die nicht geringe Mühe auf sich nehmen, systembezogen denken zu lernen, was schon theoretisch sehr schwierig war und sich als noch weit schwieriger dort erwies, wo es unter Bezugnahme auf konkrete Situationen erforderlich wurde – wir alle sind ja ganz zwangsläufig dem linear-kausalen Denken verpflichtet.

An diese mühevolle Aufgabe mußte sich die systembezogene Sicht der jeweiligen Situation und der ihr innewohnenden Probleme sowie die Suche nach präzisen Formen der Intervention anschließen, die sich von einer Situation auf die andere übertragen ließen, und schließlich waren innerhalb des jeweils geeigneten Vorgehens spezifische Taktiken zu entwickeln. Gegen Ende des ersten Jahres ihrer Zusammenarbeit mußte die Gruppe dann feststellen, daß ihre ursprünglichen Erwartungen sich leider keineswegs erfüllt hatten: Die Interventionstechniken der Familientherapeuten, die mit Hilfe des Verfahrens von »Versuch und Irrtum« innerhalb eines präzisen Kontextes, nämlich des *therapeutischen* Kontextes, gefunden worden waren, eigneten sich nicht zur mechanischen Umsetzung in die ganz unterschiedliche Realität der Institutionen. Die Gruppe erkannte, daß das Umfeld der Mikroinstitution Familie sich ebenso grundlegend von dem der größeren Institutionen unterschied wie die Positionen der Experten, die innerhalb dieser verschiedenen Umfelder wirken sollten. Im Fall der Familie ist die Behandlung an eine Reihe wichtiger Bedingungen geknüpft: Dazu gehören das Überlebensbedürfnis und der dringende Wunsch, auch äußerlich eine Einheit zu bleiben, die finanzielle Verpflichtung, die Tatsache, daß Sitzungstermine vereinbart und die Unbequemlichkeiten der Anfahrt zu den einzelnen Sitzungen in Kauf genommen werden müssen (auch wenn dies alles noch keineswegs allein den Erfolg der Therapie garantiert . . .).

Im Fall der Institution dagegen schienen die Bedingungen für einen erfolgreichen Ausgang durchweg ungünstig: Von seiten des Direktors oder einer anderen Autorität wurde formal auf Probleme Dritter oder auf »Störungen« hingewiesen, deren Träger ebenfalls eine dritte Person war, die in der Regel eine niedrigere Position in der Hierarchie einnahm; die Institution Schule brauchte den einzelnen Abweichler nicht, um als System zu »überleben«, denn sie konnte ihn auf vielfache Weise ausschließen oder entfernen; die Intervention des Psychologen verursachte keine Kosten, und seine Rolle im Zusammenhang mit den ganz unterschiedlichen Problemen, wie sie in der Institution auftreten konnten, war äußerst unklar und unbestimmt. Die Gruppe mußte ihre bisherige Arbeitsweise also revidieren.

Es sei hier auch daran erinnert, daß die Gruppenmitglieder anfangs auch dem verhaltenstheoretischen Ansatz als einer möglichen Lösung für die anstehenden Probleme eine gewisse Aufmerksamkeit zuwandten. Das waren die Augenblicke, in denen einerseits sehr lebhaft über den Begriff der »Black Box«[3] diskutiert wurde – was darauf hindeutete, daß man intrapsychische Vorgänge außer acht lassen wollte – und andererseits ausreichende Erfahrungen mit dem zuvor gewählten Modell noch nicht vorhanden waren, die Gruppe also noch nach Alternativen suchte.

Dabei fanden auch die Ähnlichkeiten und Unterschiede zwischen Lerntheorie und Systemtheorie Beachtung: Beide lassen die Erforschung des Inneren außer acht und sind nicht auf *Einsicht* aus, aber sie unterscheiden sich sowohl in der Theorie als auch in der praktischen Anwendung auf den einzelnen Fall.

Die Gruppe war sich einerseits dieser Unterschiede wohl bewußt, andererseits wurde sie aber angesichts gewisser Ähnlichkeiten des eigenen Ansatzes mit dem verhaltenstheoretischen Vorgehen im Zusammenhang mit der Kontrolle von Schülerverhalten dazu angeregt, sich ebenfalls in dieser Richtung zu versuchen[4].

Schließlich wurde die enge Anlehnung an die Lerntheorie wieder fallengelassen oder, besser gesagt, auf bestimmte Situationen beschränkt – so kam es etwa vor, daß gewisse Verstärker unbedingt eliminiert werden mußten, bevor eine systembezogene Intervention in die Wege geleitet werden konnte. Daß man vom verhaltenstheoretischen Ansatz im großen und ganzen wieder abrückte, hatte seinen Grund nicht zuletzt auch darin, daß begriffliche Verwirrungen und mehrdeutige Methoden unbedingt vermieden werden mußten. Zwar erkannte die Gruppe an, daß beiden

Theorien ein Aspekt gemeinsam ist — nämlich der der Rückkopplung —, aber dies konnte doch den Blick dafür nicht verstellen, daß das systemische Modell sich nun einmal nicht in den engen Rahmen der Verhaltenstheorie hineinpressen läßt[5].

Am Ende des ersten Jahres beschloß die Gruppe deshalb, auch im Gedanken daran, daß die verhaltensmodifizierenden Bemühungen nicht weiterführten, sich von nun an eng an die system- und kommunikationstheoretischen Modelle zu halten.

Es ist hier wohl nicht der Ort, die theoretischen Grundsätze im einzelnen darzulegen, von denen sich die Gruppe bei ihren Forschungen leiten ließ, denn die entsprechenden Theorien sind heute, wie schon angedeutet, auch in Italien bekannt und verbreitet. Wir werden uns in den folgenden Kapiteln in der gleichen Reihenfolge mit ihnen beschäftigen, wie sie auch die Forschungsgruppe »vor Ort« kennengelernt hat.

Zur praktischen Anwendung dieser begrifflichen Modelle ist noch folgendes zu sagen: Bei den meisten Problemsituationen, mit denen die Psychologen es zu tun hatten, handelte es sich um Schüler, die in Schwierigkeiten waren oder Schwierigkeiten bereiteten. Deshalb sind wir bei der Erörterung unserer Arbeit hier ebenfalls von solchen Situationen ausgegangen. Den Anfang bildet allerdings eine eingehende Betrachtung des traditionellen Auftretens des Psychologen im psychologisch-pädagogischen Umkreis, sei es im schulischen oder im institutionellen Bereich (Heime, Heil- und Pflegeanstalten).

I

Der Schulpsychologe:
Eine historische
Betrachtung der Formen
und Möglichkeiten
seiner Intervention

1

Die wachsende Anzahl von Veröffentlichungen und Untersuchungen zum Thema: Die Rolle des Psychologen

Der im Schuldienst und speziell in der »Pflichtschule«* tätige Psychologe ist uns heute bereits eine vertraute Erscheinung. Staat und Kommunalverbände entwickeln ständig neue Initiativen, die auf den Ausbau der psychopädagogischen Versorgung zielen und die Beteiligung des Psychologen als zentrale Forderung entsprechender Bemühungen betrachten. Andererseits ist die Zahl der kritischen Stimmen, die sich gegenüber diesem Berufsstand erheben, nicht gering: die Diskussionen über die »Rolle« des Psychologen nehmen gerade unter den in erster Linie Betroffenen zu[1]. Die einzelnen Positionen schwanken dabei ganz erheblich zwischen zwei Extremen. Einerseits heißt es, daß der Psychologe als »Sozialarbeiter« im weitesten Sinn die Pflicht habe, die individuelle, soziale und kulturelle Reife der Menschen innerhalb seines Zuständigkeitsbereichs zu fördern. Andererseits gibt es das Bild des Psychologen als eines hochspezialisierten Klinikers, der als sein eigentliches Wirkungsfeld nur die therapeutische Intervention in Fällen von geistiger Krankheit betrachtet.

Auch für die konkrete Ebene der Intervention im schulischen Bereich gilt, daß die Psychologen selbst ganz unterschiedliche Meinungen vertreten, die sich mehr oder weniger stark an eine dieser beiden entgegengesetzten Tendenzen anlehnen.

Wenn man dann als weitere Variablen noch die Herkunft aus unterschiedlichen psychologischen Schulen berücksichtigt sowie die Tatsache, daß die einzelnen Psychologen unterschiedlichen gesellschaftspolitischen Anschauungen verpflichtet sind, dann versteht man, daß eine erhebliche Verwirrung der Szene nicht ausbleiben konnte. Diese Verwirrung und Unsicherheit ist unter denen, die die psychologische Versorgung in der Schule in Anspruch nehmen, am größten. Es kann vorkommen, daß ein Lehrer, der zwei Psychologen das gleiche Problem vorgetragen hat, zwei voneinander abweichende Antworten und ein ganzes Paket widersprüchlicher Meinungen zu hören bekommt. Solche Vorkommnisse schaden selbstverständlich der Glaubwürdigkeit des Berufsstandes und erschweren die Lösung der Schwierigkeiten noch mehr.

* Italienische Kinder sind 8 Jahre lang schulpflichtig. Diese »Pflichtschule« besteht aus der scuola elementare: 1.-4. Jahr und der scuola media inferiore: 5.-8. Jahr, die im folgenden als »Grundschule« und »Mittelschule« wiedergegeben werden (Anm. d. Übers.).

Zu diesen Problemen kommen die weiteren Erschwernisse, die in den strukturellen Besonderheiten der jeweiligen Schule begründet sind.
Das heutige italienische Schulwesen ist ein in hohem Maße bürokratisiertes, nach hierarchischen Ebenen strukturiertes System und als solches von starren Normen gelenkt, die es über die Zeiten hinweg in seiner Homöostase (Tendenz, auf dem Status quo zu beharren) halten und jede Veränderung außerordentlich erschweren. Innerhalb der schulischen Hierarchie wird jede Ebene von der nächsthöheren Ebene kontrolliert, und jede kontrolliert ihrerseits die nächsttiefere: bis ins kleinste ausgefeilte Anweisungen gelangen vom Ministerium an die Schulämter, von den Schulämtern an die Schulleiter, von den Schulleitern an die Lehrer, von den Lehrern an die Schüler. Umgekehrt bewegen sich Bitten, Anfragen und Informationen von der unteren zur höheren Ebene. Jede Aktivität muß dokumentiert und registriert werden, alles ist »offizielles« Dokument. Der Schatten der Ungesetzlichkeit und der Amtsunterlassung ist allgegenwärtig; daraus entsteht ein Klima der peinlichen Nachforschungen und der genauen Beobachtung formaler Dienstvollzüge, die schließlich Vorrang vor den eigentlichen Aufgaben gewinnen.
Hier liegt der Ursprung des größten Widerspruchs zwischen dem von der Institution Schule erklärten und dem in Wahrheit von ihr verfolgten Ziel. Das erklärte Ziel ist das erzieherische: die Schule stellt sich die Aufgabe der moralischen und sittlichen Bildung sowie der Wissensvermittlung. In Wahrheit ist sie aber weit stärker bestrebt, als ein Bereich zu fungieren, der auf dem Weg zu bestimmten Stufen der sozialen Anerkennung (Titel und Grade) notwendig durchschritten werden muß. So betrachtet, stellt ein erworbener Titel für seinen Träger keineswegs die Bestätigung dar, daß er über ein bestimmtes Wissen und Können verfügt, sondern er dient ganz einfach als Beleg dafür, daß er einen formalen Akt vollzogen hat[2].
In der starren Hierarchie der Schule nimmt der Psychologe eine anormale Position ein. Er gehört ihr nicht an, er hat keinen eigenen Standort. Im allgemeinen greift er von außen in das schulische Geschehen ein, und zwar im Auftrag einer Institution – gewöhnlich einer kommunalen oder regionalen Behörde, eines Verbandes oder einer Vereinigung, manchmal auch eines Forschungsinstitutes. Da er von den Autoritäten der Schule (Schulleitung) unabhängig ist, wird in der Regel nicht erwartet, daß er ihnen Rechenschaft über seine Maßnahmen und seine fachliche Kompetenz ablegt. Der Psychologe hat keinen Platz im sichtbaren Gefüge der Schule, er ist außenstehender Berater. Diese Position kommt seiner Autonomie nur scheinbar entgegen; in Wahrheit ist er in diesem starren und nach festgelegten Rollen strukturierten System ganz einfach ein »Rollenloser« und damit den Erwartungen derer preisgegeben, die sich in einer

mißlichen oder unbehaglichen Situation befinden. In dem Bild, das man sich vom Schulpsychologen macht, ist häufig ein bestimmtes Klischee vorherrschend, und dieses Klischee ist auch der Grund, weshalb ihm in ganz irrationaler Weise Können und Fähigkeiten zugeschrieben werden. Andererseits sehen sich die Psychologen, die in ein schulisches System eingreifen sollen, häufig einer Vielzahl von Schwierigkeiten gegenüber, die unmittelbar darauf zurückzuführen sind, daß eine präzise Definition ihrer Rolle eben fehlt, dafür aber eine ganze Reihe von Widersprüchen in diesem Zusammenhang vorhanden ist. Vor diesem Hintergrund haben die Bemühungen um die Untersuchung der »Rolle des Psychologen« (in Form von Veröffentlichungen und Gruppenstudien) ganz erheblich zugenommen. Auch einige Mitglieder unserer Gruppe hatten als Mitarbeiter verschiedener Beratungszentren in der Provinz Mailand bereits an einem solchen Projekt teilgenommen; die Kollegen hatten sich während eines ganzen Schuljahres regelmäßig einmal in der Woche getroffen. Obwohl sie alle im gleichen Dienstbereich und damit unter weitgehend den gleichen Bedingungen tätig waren, blieb das Ergebnis damals darauf beschränkt, daß jeder von ihnen eine Beschreibung seines tatsächlichen Vorgehens in der jeweiligen Schule gab. In der Tat konnte sich jedes Mitglied der Gruppe nur in den eigenen Vorgehensweisen wiedererkennen, die häufig den von Fall zu Fall wieder anderen Arbeitsweisen der Kollegen nicht entsprachen. Die einzige theoretische Definition der Rolle des Psychologen, die allgemeine Zustimmung fand, war die des »Promotors von Veränderungen«. Aber auch diese Definition erwies sich schließlich, da ein entsprechendes Instrumentarium fehlte, mit dem sich Veränderungen hätten bewirken lassen können, als unergiebig. Immerhin halten wir die eingehende Erörterung bestimmter grundsätzlicher Schwierigkeiten in diesem Zusammenhang nicht für nutzlos, weil sich auf dieser Grundlage die schwierige Stellung und die relative Machtlosigkeit des Psychologen im Bereich der Pflichtschule besser untersuchen lassen.

2 Wer sind die potentiellen »Klienten« des Schulpsychologen, und was erwarten sie von ihm?

Als »potentielle Klienten« des Psychologen innerhalb der Schule, der er zugeteilt ist, können wir alle diejenigen betrachten, die dort wirken und leben — vom Schulleiter, der obersten Autorität in dieser Hierarchie, über die Lehrer und die Schüler, die eigentlichen Nutznießer des schulpsychologischen Dienstes, bis zu den Eltern, die in Zusammenarbeit mit der Schule unmittelbar am erzieherischen Prozeß interessiert und beteiligt sind. Es kommt auch durchaus vor, daß ein Schulpsychologe von allen diesen möglichen Adressaten um seine Intervention gebeten wird, wobei eine solche Bitte sowohl von einzelnen als auch von einer Gruppe (etwa dem Klassenrat* oder der Elternvereinigung) vorgetragen werden kann.

Bei allen, die sich in der Schule an den Psychologen wenden, läßt sich unschwer eine Gemeinsamkeit feststellen: Jeder von ihnen lehnt für seine Person die Definition des Klienten oder des Nutznießers der psychologischen Intervention ab. Wer den Psychologen um sein Eingreifen bittet, tut dies niemals etwa »für sich selbst«; die problematische Situation, deren sich der Psychologe annehmen soll, liegt nicht nur außerhalb der Person des Antragstellers, sondern sogar außerhalb seiner persönlichen Beziehungen innerhalb der Schule.

Dieses Phänomen stellt schon für sich genommen ein Problem dar. Gegenüber dem frei praktizierenden Psychologen ist sich der sogenannte Neurotiker immer darüber im klaren, daß er Träger eines Problems oder eines »Symptoms« ist; der Fachmann wird vom Klienten selbst zur Intervention autorisiert, und zwar über eine ganz präzise Definition der zwischen beiden bestehenden Beziehung (»Ich brauche deine Hilfe«), durch die der Kontext ihres Verhältnisses zueinander sogleich als therapeutischer Kontext erkannt und behandelt wird[3].

Wer jedoch in der Schule den Psychologen aufsucht, glaubt in der Regel nicht, daß er selbst einer Intervention bedürfe, sondern trägt dem Psychologen ganz einfach »Fälle« pathologischen Geschehens in seiner Umgebung vor. Der Psychologe soll dann entweder direkt eingreifen oder aber therapeutische Ratschläge erteilen. Auf diese Weise bringt der, der einen

---

* Der Klassenrat (consiglio di classe) ist ein Gremium, dem — wie der bei uns üblichen Klassenpflegschaft — neben den Elternsprechern sämtliche Lehrer angehören, die in der betreffenden Klasse unterrichten (Anm. d. Übers.).

Fall vorträgt, für sich selbst die Definition des »*Diagnostikers*« (»Mir ist klar, wo die Störung liegt«), zugleich aber auch die des »*machtlosen Therapeuten*« (»Ich weiß nicht, was ich tun soll«) ins Spiel und weist dem Psychologen die Definition des »*allmächtigen Magiers*« zu, der die notwendigen theoretischen und praktischen Kenntnisse besitzt, um den Fall zu lösen. Mehr noch, indem er die vom Psychologen angebotene Definition des »Klienten« für sich selbst kategorisch zurückweist, stellt er sich auf eine Stufe mit dem Psychologen, schafft damit einen Kontext, der sich mit »Beratung und Besprechung mit dem vorgesetzten Experten« umschreiben ließe, und bietet implizit an, eine Koalition mit ihm einzugehen. Mit dieser Art, ein Anliegen vorzutragen, ist nicht selten eine gewisse herausfordernde Haltung gegenüber der vermeintlichen Allmacht des Psychologen verbunden: »Ich will doch mal sehen, was *er* in einem Fall tun wird, mit dem *ich* nicht fertiggeworden bin«[4]. Wie immer der Fall gelagert ist, der »Antragsteller« ist von einer absoluten Gewißheit durchdrungen: er hat den Sitz des pathologischen Geschehens (in der Person des identifizierten Patienten) genau ausfindig gemacht.

Eben dieser Mechanismus wird in Szene gesetzt, wenn ein Schulleiter den Psychologen um seine Intervention in einer bestimmten Klasse bittet, weil »*der Klassenrat nicht funktioniert*« oder weil Lehrer im Klassenrat vertreten sind, die »*nicht zur Zusammenarbeit bereit sind*«. Damit hält er sich in jedem Fall aus dem System und mithin aus der möglichen Gestörtheit der Beziehungen innerhalb dieses Systems heraus.

Die Bitten um Hilfe, die von den *Lehrern* kommen, beziehen sich dagegen immer auf die Intervention zugunsten eines »schwierigen Falles«, in der Regel eines Schülers, der Symptome der Nichtangepaßtheit zeigt. In diesem Fall soll der Schulpsychologe eine präzise Diagnose stellen[5] und nach Möglichkeit eine direkte Behandlung einleiten oder doch wenigstens pädagogische Ratschläge erteilen. Dabei wird von der Annahme ausgegangen, daß die Krankheit in dem betreffenden Schüler oder doch zumindest in seiner Familie begründet ist; die Schule, ihre Methoden und die Beziehung zwischen dem Schüler und seinem um Intervention bemühten Lehrer werden dagegen, wenn überhaupt, nur nebenbei ins Gespräch gebracht. In diesen Fällen gibt es zwei mögliche Erwartungen an den Schulpsychologen:

— Entweder soll der Psychologe die pädagogisch richtige Haltung der Lehrer und mithin, aufgrund seiner verbürgten wissenschaftlichen Autorität, die von ihnen bereits getroffenen Entscheidungen bestätigen;

— oder er soll die Verantwortung für den Fall selbst übernehmen, durch seine direkte Intervention den »identifizierten Patienten« in seine Obhut nehmen und so die Lehrer von ihrer Verantwortung befreien.

Beide Erwartungshaltungen offenbaren einen starken Widerstand gegenüber jeder Veränderung. In der Regel will der Lehrer nicht »in Schwierigkeiten geraten«; er wird daher den Psychologen als »inkompetent« zurückweisen, wenn dieser versucht, auch ihn, den Lehrer, als »problembelasteten Klienten« in den Fall hineinzuziehen.

Die *Eltern* empfinden im allgemeinen einen starken Widerstand gegenüber dem Gedanken, daß sie den Psychologen direkt und als Einzelpersonen aufsuchen sollten. Das liegt daran, daß — zumindest in den Provinzen, in denen die Mitglieder unserer Forschungsgruppe arbeiteten — das stereotype Bild des Psychologen als des »Irrenarztes« fest verwurzelt ist. Der Umstand, daß man sich als Vater oder Mutter in seine Sprechstunde begibt, stempelt den Besucher sofort zum »schlechten« Vater bzw. zur »schlechten« Mutter und zum »unfähigen« Erzieher, das Kind gilt entsprechend als »geistig nicht gesund«. Wenn ein Familienmitglied die Hilfe des Psychologen braucht, erhebt sich sogleich der Verdacht der geistigen Gestörtheit — eine öffentliche Schmach, die die Betroffenen nicht gleichgültig lassen kann. Wenn Eltern sich auf das Drängen der Lehrer hin gezwungen sehen, mit dem Psychologen zu sprechen, dann zeigen sie in der Regel zwei typische Verhaltensweisen: Einerseits erwarten sie die Versicherung, daß es sich im Fall ihres Kindes nicht um eine geistige Störung handelt, andererseits neigen sie zum Angriff auf die Schule und die Unfähigkeit der Lehrer — so nämlich läßt sich der Tadel vom Schüler und seiner Familie abwenden und auf die Schule verlagern. Eine Ausnahme bilden diejenigen Eltern, deren Kinder bereits frühzeitig durch immer neue Konsultationen beim Neurologen und beim Psychiater aufgefallen sind und die zum größten Teil schon im Elementarbereich in besonderen Klassen zusammengefaßt waren. Die Haltung solcher Eltern ist von *müder Indifferenz* gekennzeichnet (»Ein Psychologe mehr oder weniger — na ja, wenn es den Lehrer glücklich macht!«). Diese Eltern haben in der Schule und in der Gemeinschaft nichts mehr zu verlieren. Wer dagegen noch niemals beim Psychologen gewesen ist, sieht dem ersten Gespräch mit ihm mit großem Unbehagen entgegen.

Es gibt ferner die kleine Minderheit von leicht überspannten Eltern — psychoanalytischen Dilettanten —, die keine Gelegenheit auslassen, dem Psychologen die besonderen Verhaltensweisen, die phobischen Ängste, Depressionen und Wunschvorstellungen ihres Kindes darzulegen. Der Psychologe soll dann das gesamte Material deuten und ihnen eine beruhigende Antwort geben. Solche Anfragen sind allerdings sehr selten; sie kommen vor allem von Familien aus der Mittelschicht, deren Bild von der Psychologie in den meisten Fällen durch illustrierte Zeitschriften geprägt ist. Dieser Elterntyp verrückt also das bestehende Bild kaum merklich;

höchstens plagen solche Eltern den ohnehin überlasteten Psychologen ganz ohne Grund.
Die Funktion, in der Eltern den Schulpsychologen am liebsten sehen, ist die des Fachmanns, der Vorlesungen und Vorträge hält und an Gesprächen am runden Tisch teilnimmt. In diesem Kontext verflüchtigen sich die Probleme ins Allgemeine und werden in ihrer Mehrheit zu Problemen »der anderen«. Der Beitrag des Psychologen erschöpft sich hier in der breit angelegten Darstellung psychologischer Begriffe, in Ausführungen über die Entwicklungsjahre und darin, daß er nach allen Seiten Ratschläge zur geistigen Hygiene erteilt.

Die Schüler

»Es ist noch nicht ein einziges Mal vorgekommen, daß ein Schüler mich spontan, wirklich spontan um ein Gespräch gebeten hat.« Dieser Satz, der während einer Zusammenkunft von Schulpsychologen aufgezeichnet wurde, beleuchtet die allgemeine Situation sehr treffend: Schon die Schüler teilen die Ansicht, nach der der Psychologe »Verrückte« behandelt. Sie fürchten seine Anwesenheit und seine Maßnahmen, und häufig verlachen und meiden sie diejenigen Kameraden, die das Pech hatten, zum Schulpsychologen geschickt zu werden. Das bedeutet, daß wir die Schüler nicht einmal als »potentielle Klienten« betrachten können, da es den Schulpsychologen ihrer Meinung nach gar nicht zu geben brauchte. Natürlich gibt es auch hier Ausnahmen: den einen oder anderen Jungen, das eine oder andere Mädchen aus den oberen Schulklassen, die sich in einer Krise befinden. Aber diese Fälle kommen nur im Mittel- und Oberschulbereich vor, und auch dort sehr selten. Wenn also ein Schüler nur auf Drängen der Eltern oder Lehrer zum Psychologen kommt, dann gestaltet sich das Gespräch äußerst mühselig und paradox. Die Anstrengungen des ehrlich bemühten Fachmanns, der erkennen läßt, daß er helfen möchte, stoßen fast immer auf Ablehnung von seiten des Schülers (»Ich will nicht, daß du dich für mich interessierst«, »Ich brauche deine Hilfe nicht«) oder auf Verteidigung der eigenen Identität (»Ich bin nicht der, für den du mich nach dem Willen der anderen halten sollst«).
Gespräche und psychologische Untersuchungen, die in einer solchen Atmosphäre stattfinden, können beim besten Willen keine Glaubwürdigkeit für sich beanspruchen.
Wir haben schon gesagt, daß Schulleiter, Lehrer und Eltern — als Glieder der schulischen Gemeinschaft und mithin »Nutznießer« der Tätigkeit des Psychologen — diesem ein genau umrissenes Wirkungsfeld zugestehen: *die pathologischen Züge des anderen*, »dessen, der mich in der Schule daran

hindert, der zu sein, der ich sein möchte; dessen, der mich am Lehren hindert; dessen, der mein Kind vom Lernen abhält; dessen, der meine Schule daran hindert, richtig zu funktionieren«. Implizit ist also im Ersuchen an den Schulpsychologen auch die Forderung enthalten, das Problem rasch und auf eine Weise zu lösen, die für den Übermittler nicht mit einer Veränderung oder der Notwendigkeit des Umdenkens verknüpft ist. Es handelt sich deutlich um eine Erwartung »magischer« Art, in der sich nicht nur eine Disqualifizierung des Psychologen verbirgt, sondern die ihm darüber hinaus noch eine Falle stellt[6]: das offene Eingeständnis seiner Ohnmacht dient der Beruhigung dessen, der ihm das Problem vorgetragen hat: »Wenn nicht einmal der Psychologe damit fertiggeworden ist, warum sollte es dann mir gelingen?« Wenn der Psychologe seine Hilfe zusagt und sich auf der Grundlage einer solchen Übereinkunft mit dem Fall befaßt, dann werden seine Maßnahmen keinesfalls therapeutischer oder verändernder Art sein, sondern nur der Stärkung des Status quo dienen.

Immerhin ist hier der Hinweis durchaus angebracht, daß die Zuschreibung magischer Kräfte gegenüber dem Psychologen (zusammen mit dem unvermeidlichen anschließenden Fehlschlag seiner Bemühungen) sich im Sinne der Homöostase des Systems auswirken.

Häufig läßt sich auch ein bedingungsloser Glaube an die psychopädagogischen Fähigkeiten des Schulpsychologen beobachten. In den Augen vieler Schulleiter und Lehrer besitzt der Psychologe allein kraft seines Amtes die geeigneten Rezepte dafür, wie der Wissensstoff in den einzelnen Fächern zu vermitteln ist. Er muß wissen, auf welche Weise auch der mathematisch völlig unbegabte Schüler die Mathematik begreifen kann, er muß feststellen können, in welchem Mechanismus die Lernschwierigkeiten des Schülers X begründet sind, und er muß sie beseitigen können. Sehr häufig hat er es mit Lehrern zu tun, die in geradezu ärgerlicher Weise ihre völlige Abhängigkeit von ihm zur Schau stellen.

Auch hier geht die Erwartung, es gebe ein Rezept für den jeweiligen Einzelfall, mit einer abwehrenden und herausfordernden Haltung gegenüber dem einher, der behauptet, die »Wissenschaft vom menschlichen Geist« zu beherrschen. Die Erwartung gründet in dem zum Stereotyp gewordenen magischen Bild, das unsere Kultur in bezug auf die Psychologie und ihre Vertreter hegt und weitergibt.

Ganz dringend stellt sich also das folgende Problem: Was ist zu tun, um diesen Stand der Dinge zu überwinden und dem Schulpsychologen eine gewisse Glaubwürdigkeit zu sichern? Wir müssen uns darüber klar sein, daß und in welcher Weise das kulturelle Stereotyp sich auswirkt: Es »prädefiniert« nämlich den Psychologen gegenüber seinen potentiellen

Klienten. Mit dieser Prädefinition versehen, ist er zur Untätigkeit verurteilt. Für seine Daseinsberechtigung und sein Wirken in der sozialen Realität der Schule ist es unerläßlich, Mittel und Wege zu finden, die ihm eine »Selbstdefinition« — als Psychologe in einem ganz bestimmten Kontext — ermöglichen.
Unsere Gruppe hat an einer Lösung für dieses Problem gearbeitet.

3
Der Schulpsychologe: Eine kritische Analyse

Bei ihren Zusammenkünften bemühte sich die Gruppe um eine kritische Analyse der Bedingungen, die in der Vergangenheit die Arbeit des Schulpsychologen bestimmt haben und sie teils auch heute noch bestimmen.

Intervention im großen Rahmen: Die Reihenuntersuchung

Einige Wochen nach Beginn des neuen Schuljahres führte die psychometrische Sachverständige des Teams[7] eine Reihe von Tests mit allen Schülern aller Klassen durch. Gewöhnlich umfassen solche Testbatterien sowohl Leistungs- als auch Projektionstests. Zu den ersteren gehörten so beliebte Verfahren wie der faktorielle Intelligenztest nach Thurstone, der »Progressive Matrices Test« PM 38, und der Cattel-Test, zur Gruppe der projektiven Verfahren der Baum-Test, der »Zeichne-einen-Menschen«-Test und der Wartegg-Zeichen-Test schwarzweiß und farbig.
In einigen Fällen kamen aus besonderen Gründen (etwa bei neu zu wählender Fächerkombination im neuen Schuljahr) noch Fragebögen dazu, die spezielle Interessen erkunden sollten, und manchmal der Satzergänzungstest nach Sachs. Es handelte sich insgesamt um ein umfangreiches Unternehmen, das pro Klasse zwischen vier und acht Stunden in Anspruch nahm und sich jeweils über mehrere Sitzungen erstreckte. Anschließend wurde das gesamte Material von der Versuchsleiterin aufbereitet und dem Psychologen übergeben, dessen Aufgabe in der Ausarbeitung einer Diagnose der jeweiligen Klasse bestand (Verteilung der unterschiedlichen Intelligenzgrade, Heraushebung der sogenannten Sonderfälle).
Nach Rückgabe der Testunterlagen an die Schule sollte der Psychologe vor dem Klassenrat Bericht erstatten. Hier waren dann diejenigen Schüler, die nach der Diagnose des Psychologen als besonders »gestört« gelten mußten oder schwere intellektuelle Defizite aufwiesen, das Objekt langer Diskussionen, weil einige Lehrer ihre eigenen spontanen Eindrücke durch die Diagnose bestätigt sahen, andere dagegen sich nicht damit einverstanden zeigten.
Der Psychologe sah sich genötigt, seine »Erkenntnisse« zu verteidigen (man beachte, daß der Fachmann in diesem Fall die Schüler niemals persönlich kennengelernt hat), und versuchte, die Lehrer mit Hilfe »schwieriger« und in hohem Maße »technischer« Ausdrücke zu seiner Sicht der Dinge zu bewegen. Am Ende der langen Debatte kam man

überein, für die schwierigen Fälle jeweils eine individuelle und detaillierte Analyse anzufertigen, und verabredete ein weiteres Zusammentreffen des Klassenrates.

Diese Form der Intervention ist heute glücklicherweise im Schwinden begriffen. Sie war wohl das erste Verfahren, das in der Schule angewandt wurde, nachdem im blinden Vertrauen vornehmlich der fünfziger Jahre in die Persönlichkeits- und Intelligenztests der Bereich der Erziehungs-, Schul- und Berufsberatung ausgebaut worden war. Ihre Berechtigung ergab sich aus der Überlegung, die fehlangepaßten Schüler in eigenen Klassen (Versuchs- oder Förderklassen, je nach Sprachgebrauch) zusammenzufassen. Auch eine gewisse Orientierung nach der direktiven und manipulativen Seite hin machte eine Art Staffelung der schulischen Population notwendig. Diese Form der Intervention »im großen Rahmen« hat nicht unwesentlich zur Entstehung des Bildes des »mit magischen Kräften begabten Diagnostikers« beigetragen, das den Psychologen heute so viele Ungelegenheiten bereitet.

Die Intervention großen Stils in Form der Reihenuntersuchung und das daran anschließende Vorgehen bei den Zusammenkünften des Klassenrates bieten sich der Kritik geradezu an:

— Die Intervention kommt nicht wegen einer spezifischen Anfrage von seiten der Schule zustande. Sie wird vom Beraterteam beschlossen und dann sogleich als globale Maßnahme, von der alle Schüler erfaßt werden, ins Werk gesetzt.

— Der Psychologe hat in diesem Kontext eine präzise gefaßte und nicht zur Diskussion stehende Rolle inne: Er gibt sich als Techniker, der den Schlüssel zum Verständnis innerpsychischer Phänomene besitzt und daher imstande ist (die Macht hat), Individuen nach präzisen diagnostischen Kategorien zu »etikettieren« (normal, geistesgestört, neurotisch, psychotisch).

— Es läßt sich kaum leugnen, daß diese Art der Intervention im Grunde auch der Berufsethik Abbruch tut; der Psychologe leitet die Diagnose ja nicht an die betroffene Person oder doch zumindest an die Familie weiter (die im allgemeinen erst in zweiter Linie und nur dann hinzugezogen wird, wenn es unumgänglich ist), sondern an Dritte, nämlich an die Lehrer, und zwar ohne irgendeine Garantie, daß diese von der Information den richtigen Gebrauch machen.

— Eine Diagnose, die allein durch das Zusammentragen von Daten zustande gekommen und nicht durch das klinische Gespräch und die direkte Beobachtung erhärtet worden ist, bleibt angreifbar.

— Der »Pygmalion«-Effekt in bezug auf die Lehrer ist beträchtlich: Wenn ein Schüler in einer bestimmten Weise etikettiert ist, nimmt er in ihren

Augen unweigerlich die Verhaltensmerkmale an, die der Psychologe diktiert hat[8].

— Und schließlich ist zu fragen, bis zu welchem Punkt es richtig und in bezug auf die pädagogischen Aufgaben der Schule angebracht ist, Lehrer über die psychischen Eigenschaften der Schüler ins Bild zu setzen. Zweifellos ist dieses Verfahren auf den Einfluß bestimmter pädagogischer Vorstellungen[9] und auf die Tatsache zurückzuführen, daß auch in die Schule weitgefaßte Bewertungskriterien Eingang gefunden haben, die nicht nur die reinen Lernfortschritte, sondern auch alle in der Umwelt des Schülers wirksamen sozialen und psychologischen Faktoren erfassen sollen, die möglicherweise seine Aktivität und seine schulischen Leistungen beeinflussen könnten. Solche Faktoren sollten dem Lehrer aber durch seine tägliche Interaktion mit der Klassengruppe bekannt werden und nicht durch das »blinde« Eingreifen eines Spezialisten mit Hilfe von Meßinstrumenten. Diese Art des Eingreifens entspricht dem Gedanken, daß das schulische Geschehen selbst pathologische Züge trägt, und verstärkt so implizit die Überzeugung, nach der es ihrem Wesen nach normale und anormale Persönlichkeiten gibt. In Wahrheit handelt es sich stets um Menschen in Situationen, in denen die Kommunikationen, nicht die Menschen selbst, funktional oder dysfunktional sind.

Intervention auf Antrag: Der Problemschüler

Nachdem die Zeit der Reihenuntersuchungen vorüber ist, in der die »Fälle« — auf dem Weg über die unkritische Auswahl und Analyse von Daten — praktisch durch den Psychologen geschaffen wurden, ist man jetzt eher der Meinung, daß die Schule sich ihre Probleme selbst schafft und dann um die Intervention des Psychologen bittet.

Die Informationen im Zusammenhang mit der Übermittlung des »Falles« sind in der Regel außerordentlich dürftig. Gelegentlich werden schon einige mehr oder weniger genaue diagnostische Angaben mitgeliefert; häufiger allerdings beschränkt sich die Meldung auf die mangelnde Intelligenz, die schlechten schulischen Leistungen oder auf verhaltensmäßige Störungen eines Schülers. Die Erfahrung lehrt, daß die Schule in der Mehrzahl der Fälle vom Psychologen nichts anderes erwartet, als daß er ihre Angaben mit einem etwas wissenschaftlicheren Anstrich versieht und dann bestätigt. Damit sind dann disziplinarische Maßnahmen bzw. die Versetzung des Schülers in eine andere Klasse gerechtfertigt.

Dem Übermittler des Falles kommt so gut wie niemals der Gedanke, daß er selbst Träger eines Problems sein könnte; die Intervention des Fachmannes soll sich ohne Verzug direkt auf den Problemschüler richten. Auf eine solche Meldung kann der Psychologe in verschiedener Weise reagieren: Er kann eine Haltung der passiven Zustimmung gegenüber dem Wunsch nach Intervention einnehmen, er kann das Problem auf die Lehrer abwälzen, er kann seine Hilfe verweigern.

a) Passive Zustimmung: Der Psychologe sucht keinen weiteren Kontakt mit den Lehrern, die den Fall gemeldet haben, sondern vertraut ihrem Hinweis auf ein abnormes Verhalten und setzt den diagnostischen Apparat in Gang: Der betreffende Schüler wird in sein Sprechzimmer gerufen, wo er sich Gesprächen und Tests unterziehen muß. In der Regel wird auch die Familie hinzugebeten (fast immer erscheint nur die Mutter) und eine sorgfältige Anamnese erstellt, die neben den psychologischen auch soziale und milieubezogene Faktoren erfaßt. Diese Daten bilden dann die Grundlage für einen schriftlichen Bericht an die Lehrer, die den Fall übermittelt haben, bzw. für ein Gespräch mit ihnen. Das Ergebnis ist also rein diagnostischer Art.
Diese Art der Intervention wiederholt bestimmte grobe Fehler, die schon die zuerst beschriebene Form kennzeichneten. Erschwerend tritt noch folgendes hinzu: Sie läßt es zu, daß Dritte die Definition des »identifizierten Patienten« ins Spiel bringen. Denn selbst in den Fällen, in denen die Diagnose des Psychologen günstig ausfällt und auf Normalität hinweist, sorgt doch das Ritual der Einberufung des Schülers (und seiner Eltern) und der individuellen psychologischen Untersuchungen unweigerlich für eine entsprechende Etikettierung des Schülers und weckt quälende Zweifel in ihm und seinen Angehörigen. Für die psychologischen Untersuchungen gilt das gleiche, was über das EEG immer wieder zu hören ist: »Ob die Umwelt jemanden der Epilepsie verdächtigt, dafür ist nicht so sehr die Frage entscheidend, ob das EEG positiv ausfällt, als vielmehr die Tatsache, daß ein Mensch überhaupt, und sei es auch nur ein einziges Mal, ein EEG hat machen lassen müssen.« Durch diese Form der Intervention unterstreicht der Psychologe seine Rolle als Diagnostiker (wenn man so will, allerdings weniger mit »magischen« Kräften als mit größerer »wissenschaftlicher« Glaubwürdigkeit) und bestätigt sich als Spezialist im Dienst der Institution Schule und ihrer Belange. Es ist kein Zufall, daß der Institution diese Haltung am allerwillkommensten ist.

b) Abwälzung des Problems auf die Lehrer: Eingedenk der bisher angestellten Überlegungen kann der Psychologe beschließen, den »Fall« nicht sofort zu seiner Sache zu machen, sondern ihn zunächst einmal eingehend mit den Lehrern zu besprechen. Zu diesem Zweck wird er den Klassenrat zu einer Aussprache einladen, dem die Übermittler des Falles ja angehören.

Mit diesem Vorgehen zeigt er, daß seiner Meinung nach derjenige als »Klient« betrachtet werden muß, der das Problem mitgeteilt hat, nicht aber andere Personen.
Diese Haltung wird von den Lehrern heftig bekämpft, denn mit der Meldung des Falles hatten sie ja gerade gehofft, »ein lästiges Problem« von sich schieben zu können. Statt dessen haben sie es nun mit einem Mehr an Arbeit (der außerordentlichen Zusammenkunft des Klassenrates) und mit der schwierigen Aufgabe zu tun, den Fall selbst zu analysieren. Das heißt, der Psychologe hat es mit »Partnern« zu tun, die ihm feindselig gegenüberstehen, auf Verteidigung der eigenen Person bedacht sind und bis zum Überdruß nur immer das wiederholen, was der Psychologe schon aus der ersten Mitteilung über den Fall kennt. Manchmal kommt es vor, daß unter den Mitgliedern des Klassenrates der Konflikt zwischen denen, die den Fall weiterleiten wollten, und denjenigen, die die Folgen eines solchen Schrittes fürchteten, offen ausbricht. Die größte Schwierigkeit liegt aber darin, daß der Lehrer im allgemeinen nicht bereit ist, in erster Linie sich selbst als Klienten des Psychologen zu betrachten. Vielmehr hält sich die hartnäckige Überzeugung, daß »das Problem«, auch wenn es zunächst vom Lehrer aufgebracht worden ist, nicht sein Problem und auch nicht ein Problem der Beziehung zwischen ihm und seinem Schüler ist, sondern einzig das Problem des als »krank« bezeichneten Schülers. Warum nimmt man dann überhaupt Kontakt mit dem Psychologen auf, und warum läßt man sich auf das Gespräch mit ihm ein? Manchmal ist es die hierarchische Autorität in der Person des Schulleiters, die die Lehrer zu einem solchen Schritt zwingt (und in diesem Fall ist die Feindseligkeit der Gruppe offensichtlich). Manchmal auch wird die Zusammenkunft mit dem Psychologen nur in der Erwartung akzeptiert, daß er seinen Zuhörern sagen wird, welche Haltung sie gegenüber dem schwierigen Schüler am besten einnehmen sollen. In diesem Fall bildet der Klassenrat insgesamt eine Koalition mit dem Ziel, dem Psychologen mit einer ständig wiederholten, hartnäckigen Frage (»Sagen Sie uns, was wir tun sollen!«) eine Stellungnahme abzuringen[10].
Es leuchtet ein, daß das Unbehagen des Psychologen unter dem Druck der Gruppe immer größer wird. Die Versuchung ist groß, sich diesem Druck mit Hilfe banaler Ratschläge, die »das allgemeine Wohlbefinden« fördern sollen, zu entziehen. Wenn der Psychologe diesen Weg einschlägt, dann wird man ihm beim nächsten Zusammentreffen des Klassenrates in aller Naivität berichten, daß alles beim alten geblieben sei und seine Ratschläge nicht die erhofften Ergebnisse gebracht hätten. Natürlich hat der Psychologe gar nicht die Möglichkeit festzustellen, ob seine Empfehlungen überhaupt befolgt worden sind; ebensowenig kann er sich

dem nun einsetzenden Ruf nach einem besseren und wirksameren Rat entziehen. Es besteht die Gefahr, daß hier ein Spiel ohne Ende beginnt, dessen einziges Ergebnis darin besteht, daß es die Machtlosigkeit des Psychologen deutlich macht. Das ist die Strafe dafür, daß er die Rolle des Diagnostikers gegenüber dem identifizierten Patienten zurückgewiesen und das Problem auf die Übermittler abgewälzt hat.

Manchmal kann der Psychologe der Versuchung widerstehen, Ratschläge zu erteilen, die schon per definitionem dazu bestimmt sind, totes Buchstabengut zu bleiben. Er versucht statt dessen beharrlich und mit immer neuen Anstößen, die Gruppe zu einer anderen Sicht des Problems zu bringen. Er wirft beispielsweise die Frage auf, warum denn eigentlich ein bestimmter Schüler mit bestimmten Eigenschaften einen »pädagogischen Fall« darstellt.

Wenn der Psychologe sich so verhält, wird er in der Regel von den Mitgliedern des Klassenrates abgelehnt. Die Ablehnung wird damit begründet, daß der Psychologe sich eigenmächtig in die Rolle des Analytikers der Gruppe begeben habe, die man ihm nicht angetragen und auf die man sich nicht förmlich mit ihm geeinigt habe. Es kommt in diesem Zusammenhang nicht selten vor, daß ein Teil der Lehrer deutlich erklärt: »Wenn wir eine Analyse brauchten, dann hätten wir uns den Analytiker schon selbst ausgesucht!« Auch diese Haltung des Psychologen, die wir als »interpretativ« bezeichnen könnten (tatsächlich will sie ja den Lehrern die mehr oder weniger tiefsitzenden Mechanismen bewußt machen, die sie ein bestimmtes Verhalten als Problem empfinden lassen), ist zum Scheitern verurteilt.

Für den Erfolg seiner Bemühungen muß zumindest eine Voraussetzung gegeben sein: Die Lehrer müssen erkennen und zugeben, daß sie in erster Linie Klienten, nämlich Träger des Problems sind. Diese Einsicht macht es andererseits natürlich sehr unwahrscheinlich, daß ein Lehrer dem Psychologen überhaupt einen Fall meldet − das würde nämlich bedeuten, daß der Lehrer sich selbst als »unfähigen oder machtlosen Erzieher« oder gar als »krank« betrachtet. All dies geht auf das Klischee zurück, der Schulpsychologe sei für Diagnose und Therapie pathologischer Fälle zuständig. Das schwerste Versäumnis besteht also darin, daß der Psychologe sich und seine Rolle nicht gleich zu Beginn deutlich definiert hat.

c) Verweigerung der Hilfe (Herausforderung der Institution): Aus der Überlegung heraus, daß die Pflichtschule nicht selektiv vorgehen und mithin keine sozialen Außenseiter hervorbringen darf, weigern sich manche Psychologen inzwischen grundsätzlich, überhaupt »Fälle« zu übernehmen. Diese deutliche Herausforderung der Institution − die damit ja beschul-

digt wird, Nichtangepaßtheit selbst zu produzieren – bringt den Psychologen in offenen Konflikt mit Schulleitern und Lehrern.
Tatsächlich überträgt er ja das pathologische Geschehen vom einzelnen Schüler oder seiner außerschulischen Umwelt (vor allem der Familie) auf die Institution. Er »interpunktiert« das größere soziale System auf andere Weise, wenn er darauf hinweist, daß die Ursachen von Fehlanpassung und Krankheit bei der Schule liegen, und so die Institution unter Anklage stellt. Mit seiner Weigerung gibt er zu erkennen: »Die Schuld liegt bei *dir, du* mußt dich ändern.« Damit begibt er sich noch nicht außerhalb der linearen Konzeption, die besagt, daß für das Vorhandensein eines pathologischen Geschehens jemand oder etwas uneingeschränkt verantwortlich ist. Sobald der Psychologe (der ja in der Hierarchie der Schule keinen genau umrissenen Standort hat und lediglich als Berater tätig ist) sich in offenen Konflikt mit der Institution begibt, wird er – als den Zwecken der Institution nicht dienlich – ignoriert und zurückgewiesen. Zwar versteht er sich als »Promotor der Veränderung« und bringt dies auch zum Ausdruck, aber in einer taktisch so falschen (nämlich »symmetrischen«) Weise, daß er wiederum zur Ohnmacht verurteilt ist. Ein ganz ähnliches Phänomen beobachten auch die Familientherapeuten bei ihrer Arbeit: Wenn ein Therapeut es mit einer dysfunktionalen Kernfamilie zu tun hat und den Fehler begeht, entweder das Verhalten der Familie insgesamt oder das Verhalten der Eltern insbesondere deutlich negativ zu bewerten, festigt sich die Familie in ihrer Homöostase und bricht die Behandlung ab. Dazu schreiben die Therapeuten des »Centro per lo studio della famiglia« in Mailand[11]:
»Es fiel uns zwar leicht, das Symptom des sogenannten Patienten nicht negativ zu bewerten, nicht leicht fiel es uns jedoch, alle jene Verhaltensweisen der Familie (speziell der Eltern), die zusammen mit dem Symptom auftreten . . . , ebenfalls positiv anzuerkennen. An diesem Punkt ist die Versuchung groß, in das lineare, kausale Modell zurückzufallen, indem man willkürlich interpunktiert, das heißt, das Symptom mit bestimmten symptomatischen Verhaltensweisen der Eltern in einen kausalen Zusammenhang bringt. Es kam gar nicht so selten vor, daß wir entdecken mußten, wie zornig und empört über die Eltern wir waren . . . Tatsächlich führen die positive Bewertung der Symptome des ›Patienten‹ und die negative Bewertung der symptomatischen Verhaltensweisen der anderen Familienmitglieder dazu, zwischen den einzelnen Mitgliedern des Familiensystems eine Trennungslinie zu ziehen, die auf diese Weise willkürlich in ›gute‹ und ›böse‹ Familienmitglieder eingeteilt werden; *wir verschließen uns dadurch aber* den Zugang zu der Familie als einer Systemeinheit. Wir erkannten schließlich, daß uns der Zugang zum Systemmodell nur

möglich war, wenn wir sowohl das Symptom des designierten Patienten als auch die symptomatischen Verhaltensweisen der anderen Familienmitglieder positiv bewerteten, indem wir z. B. sagten, daß unserer Auffassung nach alle zu beobachtenden Verhaltensweisen von dem gemeinsamen Zweck geleitet waren, die Kohäsion und Einheit der Familiengruppe zu erhalten. Auf diese Weise stellen die Therapeuten alle Mitglieder der Familie auf ein und dieselbe Stufe, und es werden keine weiteren Allianzen und Spaltungen in Untergruppen, die in gestörten Familien ja ohnehin gang und gäbe sind, heraufbeschworen, bzw. die Therapeuten vermeiden es, mit hineingezogen zu werden ...
Warum muß die Bewertung positiv sein im Sinne einer Bestätigung? Könnte man nicht vielleicht mit Hilfe einer allgemein negativen Bewertung, nämlich einer Abweisung, dasselbe Resultat erzielen? Man könnte ja z. B. sagen, das Symptom des Patienten mache deutlich, daß die symptomatischen Verhaltensweisen der anderen Familienmitglieder ›falsch‹ seien, weil sie dazu dienten, um jeden Preis die Statik eines ›falschen‹ Systems, das Leiden erzeugt, aufrechtzuerhalten.
Dies wäre jedoch ein großer Fehler, *da die Definition eines Systems als ›falsch‹ impliziert, daß dieses System verändert werden muß* ... Bringt man durch ein kritisches Urteil zum Ausdruck, daß das System sich verändern müsse, so *weist* man dieses System *ab*, insofern es ja durch die Tendenz zur Homöostase gekennzeichnet ist; man verschließt sich dadurch die Möglichkeit, in die gestörte Gruppe aufgenommen zu werden.«

Was im letzten Absatz für die Familie gesagt wird, gilt in gleicher Weise für die Schule: Der Psychologe, der das System Schule offen beschuldigt und verurteilt, um es auf diese Weise zur Berichtigung seiner »pathologischen Züge« zu drängen, begeht einen schweren begrifflichen und taktischen Fehler und verbaut sich die Möglichkeit, im Innern des Systems zu wirken.

Die psychoanalytische Ausrichtung und der Gebrauch der Freudschen Terminologie in der Schule

Seit die Epoche der psychodiagnostischen Untersuchungen hinter uns liegt und die Begeisterung für psychotechnische Arbeitsweisen schwindet, arbeiten »fortschrittliche« Psychologen in der Schule verstärkt mit Methoden und Begriffen, die der Psychoanalyse entstammen.
So ist es ganz selbstverständlich, daß auch im Rahmen der Zusammenkünfte des Klassenrates über Begriffe wie den Ödipuskomplex, die Kastrationsangst, die anaklitische Depression oder die Introjektion der Va-

terfigur diskutiert wird. Diese psychologische Ausrichtung steht im Einklang mit der allgemeinen Popularisierung psychoanalytischer Vorstellungen und Methoden durch die illustrierte Presse; das Thema ist »in«. Man trifft heute kaum noch einen Lehrer, der in dieser Hinsicht nicht »vorbelastet« ist. Das führt nicht selten zu einer Art von − ebenso subtiler wie unergiebiger − »symmetrischer« Rivalität zwischen den Lehrern und dem Psychologen, die in Form des Disputs über die Interpretation eines Falles ausgetragen wird. Die Berücksichtigung psychoanalytischer Vorstellungen in jüngster Zeit hat aber auch neue Perspektiven eröffnet und zumindest teilweise dazu beigetragen, daß wir einen nicht unwesentlichen Schritt vorwärts getan haben: Die Ansicht, daß Verhaltensstörungen Ausdruck einer Krankheit »des Gehirns« seien, ist endgültig überwunden, und die Wichtigkeit der primären Beziehungen für die psychische Entwicklung des kleinen Kindes ist allgemein anerkannt. Allerdings ist nichts schlimmer und dem Gedanken der Psychoanalyse abträglicher als ihre dilettantische Anwendung. Die Psychoanalyse ist eine Forschungs- und Behandlungsmethode, die auf die Beziehung zwischen Patienten und Therapeuten und einen präzisen Kontext ausgerichtet ist (beides vermittelt durch starre Rituale und Techniken − die Sitzung, die Couch, die Abmachungen hinsichtlich der Bezahlung) und zu deren unabdingbaren Modalitäten die Beobachtung von Übertragung und Gegenübertragung und die progressive Interpretation des analysierten Materials gehören. Psychoanalyse läßt sich vom Individuum auf die Gruppe ausdehnen, aber in jedem Fall unter Beachtung dieser Modalitäten.
In der Schule läßt sich diese Forderung nicht voll erfüllen.
Als Analytiker könnte der Psychologe theoretisch die therapeutische Fürsorge für die »auffälligen« Schüler übernehmen, wenn die Familie damit einverstanden ist − so wie dies in der privaten Praxis gehandhabt wird. Es fehlen aber hierfür die Schlüsselbedingungen der psychoanalytischen Beziehung. Es ist schon gesagt worden, daß in der Schule die Übermittlung eines Falles durch die Lehrer erfolgt: Der »Klient« wird dem Analytiker also durch einen Dritten bezeichnet, der Autorität und Moral verkörpert und deshalb eine starke Position innehat und an die Therapie bereits im voraus gewisse Erwartungen geknüpft hat. Der übermittelnde Lehrer will, daß eine Behandlung in Gang kommt, durch die der Schüler sich in der von ihm, dem Lehrer, gewünschten Richtung ändert. Außerdem erfolgt die Bezahlung des Analytikers nicht durch den Schüler bzw. seine Familie (und auch nicht durch die Schule, da der Spezialist ja von der Dienststelle bezahlt wird, der er angehört). Und schließlich würden die Lehrer, die als Übermittler des Falles fungiert haben, sich in die Behandlung einmischen, denn sie stehen ja sowohl mit dem Schüler als

auch mit dem Therapeuten in Verbindung und können sich so, gewissermaßen unter der Hand, bestimmte Informationen verschaffen. Es ist also sehr schwierig, in der Schule nach den Grundsätzen der Psychoanalyse vorzugehen und dabei die Regeln, die für die Beziehung zwischen dem Klienten und dem Therapeuten notwendig sind, unverändert aufrechtzuerhalten. Die Anwendung der Methode in der Schule beschränkt sich mithin auf die im Freudschen Stil vorgenommene Interpretation des von den Schülern gelieferten Materials (daher erfolgt die Diagnose in psychoanalytischen Termini) und auf die Erteilung von vagen therapeutischen Ratschlägen an die Lehrer. Dazu ein Beispiel:
Agostino B., 7. Klasse. Die Lehrer des Klassenrates, insbesondere die für den Literaturunterricht zuständige Kollegin, bitten den Psychologen, sich mit dem Fall zu beschäftigen. Agostino ist ein schüchterner Junge und ein pathologischer Grenzfall. Er rührt sich nicht von seinem Platz, er spricht nicht mit den Kameraden, auf Anruf wird er bleich und beginnt zu weinen. Er ist ständig in Angst bezüglich der schulischen Anforderungen und bringt daher nichts Rechtes zustande. Die Zeichenlehrerin plant bereits (sic!), den Jungen Zeichnungen anfertigen zu lassen, die dann zweckmäßigerweise vom Psychologen gedeutet werden könnten (natürlich ist die Deutung in den Köpfen der Lehrer bereits vorhanden: hier haben wir genau das, was mit den Begriffen »Symmetrie« oder »symmetrisches Spiel« gegenüber dem Psychologen gemeint ist). Der Psychologe hört zu, macht sich Notizen, schweigt und läßt sich (in der Regel) nicht zu einer vorschnellen Deutung verleiten. Er bittet die Lehrer zu veranlassen, daß Agostino zu einem festgesetzten Termin zusammen mit seinen Eltern in seine Sprechstunde kommt. In einer Reihe von Gesprächen, die jeweils allein mit Agostino und mit seinen Eltern stattfinden, kann er sich ein besseres Bild von diesem Fall machen. Natürlich ist der Junge verschreckt und spricht wenig, deshalb nimmt der Psychologe seine Zuflucht zum Rorschach-Test, zum Thematischen Apperzeptionstest, zum Blacky Test und zu Zeichentests. Die Eltern, die ein wenig erschrocken sind, versichern wiederholt, daß der Junge schon immer so gewesen sei, daß er aber in den ersten Schuljahren, in denen er eine so gute und freundliche Lehrerin gehabt habe, sogar gerne zur Schule gegangen sei. Der Psychologe hört zu, betrachtet eingehend die Zeichnungen, überdenkt die Haltung der Eltern und fertigt dann die Diagnose für die Lehrer an: »Agostino schlägt sich mit Kastrationsängsten herum, die darauf zurückzuführen sind, daß der Vater außergewöhnlich autoritär ist und ihm sehr fernsteht und die Mutter ihm zuwenig Zuwendung schenkt.« Dieses Urteil weckt bei den Lehrern enthusiastische Zustimmung (»Das haben wir doch schon immer gesagt!«), zugleich aber auch Ratlosigkeit: »Was kann die

Schule in solch einem Fall schon tun?« »Man müßte die Familie zur Therapie schicken!« Und schließlich kommt die klassische Frage, auf die der Psychologe bereits gewartet hat: »Was raten *Sie* uns denn, Herr Doktor?« An diesem Punkt befindet sich der Psychologe in der Falle: Er weiß sehr wohl, daß es eine richtige Therapie für diesen Fall nicht gibt und daß wohlmeinende Ratschläge allein nichts ausrichten können. Aber wie kann er die Lehrer, die doch so interessiert an seiner »Wissenschaft« scheinen, ohne Ermutigung und Hilfe lassen? Also sagt er ihnen, daß man Agostino vorsichtig und freundlich anfassen muß, daß man ihn mit Kameraden zusammenbringen sollte, mit denen er sich versteht, daß man Vorwürfe und Tadel ihm gegenüber möglichst vermeiden und seine schulischen Leistungen wohlwollend beurteilen soll, auch wenn sie den Anforderungen nicht entsprechen. Die Lehrer halten ihm entgegen, daß sie selbstverständlich tun, was möglich ist, daß man aber aus Gründen der Gerechtigkeit den einzelnen Schülern gegenüber nicht immer ganz unterschiedliche Haltungen einnehmen kann; die Schule ist nun einmal die Schule und muß auch objektiv werten. Das Gespräch geht noch eine Weile weiter, und dabei wird sein »paradoxer« Charakter ganz deutlich: Die Lehrer wollen zwar einen Rat, aber sie haben keineswegs die Absicht, ihre eigenen Grundhaltungen zur Diskussion zu stellen, sie haben nicht vor, sich zu ändern. Warum sollten sie sich denn auch ändern, wenn Agostinos Schwierigkeiten ihre Wurzeln in der Familie haben? Es ist sehr gut möglich, daß der eine oder andere Lehrer beim nächsten Gespräch mit Agostinos Vater oder Mutter zumindest durchblicken läßt, wen seiner Meinung nach die Schuld trifft, und seinen persönlichen Eindruck noch untermauert mit den Worten: »Auch der Psychologe hat gesagt, daß . . .«. Das Ergebnis ist bedrückend: Agostino wird in Zukunft als ein »armer Kerl« geduldet werden, dem man Zugeständnisse macht und Nachsicht entgegenbringt, weil er das Pech hat, daß seine Eltern »Kastratoren« sind. Die Lehrer flüstern sich zu, daß es wirklich nicht nötig gewesen wäre, einen Psychologen zu bemühen, wenn er ihnen so banale Ratschläge gibt (und im Grunde haben sie sogar recht damit). Der Psychologe schließt seine schöne Diagnose und die zugehörigen Zeichnungen, Deutungen, Protokolle und Anamnesen weg und nimmt sich im besten Falle vor, in einer späteren Publikation seine diagnostische Technik damit zu illustrieren. Für Agostino hat sich allerdings nichts geändert, es sei denn dies: Seine Eltern haben nun den Verdacht, daß ihr Kind »nicht ganz normal« ist. Die nächste Station ist möglicherweise das Sprechzimmer des Neurologen.
Wir haben bei unserer Schilderung dessen, was eine psychoanalytische

Diagnose bewirken kann, absichtlich etwas stark aufgetragen. In jedem Fall bewirkt eine solche Diagnose nicht nur, daß »keine Veränderung« eintritt — die Homöostase des Systems also verstärkt wird —, sondern auch, daß dem betroffenen Schüler ein Schaden entsteht, der häufig nicht mehr unter Kontrolle zu bringen ist. Dennoch erfreut sich der oft sehr dilettantische Gebrauch der psychoanalytischen Terminologie in der schulischen Praxis noch großer Beliebtheit, ja, er hat sich hier sogar so weit eingebürgert, daß in der Vorstellung der Lehrer gewisse Mythen entstanden sind, die ihre tägliche erzieherische Arbeit entscheidend beeinflussen. Einige dieser Mythen seien hier angeführt[12]:
Der Mythos von den (in ihrer Eigenschaft als Erzieher) »schlechten« Eltern zeigt sich darin, daß manche Lehrer ständig (und häufig ohne Grund und ohne Erfolg) den Familienverhältnissen der »auffälligen« Schüler und den Beziehungen zwischen den jeweiligen Eltern nachspüren. Auch in diesem Fall gründen die Nachforschungen einzig auf dem Prinzip der Kausalität: Das »schlechte« oder »verrückte« Verhalten eines Menschen, dessen Entwicklung noch nicht abgeschlossen ist, muß darauf zurückgeführt werden, daß auch die Eltern Symptome von »Schlechtigkeit« oder »Verrücktheit« zeigen. Wenn die Nachforschungen »positiv« ausfallen, das heißt, wenn sich in der Familie entsprechende Störungen finden lassen, dann wird der Psychologe sofort davon in Kenntnis gesetzt, und das häufig in dramatischer Form: »Der Vater ist Alkoholiker und schlägt die Kinder«, »Die Mutter nimmt es mit der Moral nicht so genau, sie empfängt fremde Männer in der Wohnung«, »Vater und Mutter sind sich nicht einig, sie streiten häufig.«
Aber auch wenn die Verhältnisse weniger dramatisch sind, sorgt doch das jedermann geläufige Vokabular und Gedankengut aus der Psychoanalyse dafür, daß sich gewisse subtile »Untermythen« halten und die Vorstellung bestärken, daß das gestörte Verhalten des Jungen etwas mit der »Schlechtigkeit« der Eltern zu tun hat: es wird dann von der *»mangelnden Zuwendung«* und davon gesprochen, daß der Vater *»Kastrationsängste* in seinem Kind geweckt«* habe. Wenn man es also mit einem unruhigen, lebhaften, autoritätsunwilligen Schüler zu tun hat, versucht man sofort zu erkunden, ob die Mutter sich nicht vielleicht ihm gegenüber distanziert, gefühllos und ablehnend verhält. Der schüchterne, gehemmte, passive und kaum zu selbständigen Handlungen fähige Junge kann selbstverständlich nur einen despotischen, soldatisch-strengen Vater haben, der unfähig ist, auch nur das geringste Anzeichen von Selbständigkeit bei seinem Sohn zu dulden. Der Ursprung solcher Mythen steht deutlich im Zusammenhang mit der Psychologisierung unserer Gesellschaft. Man hält es für wissenschaftlich erwiesen und universell zutreffend, daß

»schlechte Eltern« »gestörte Kinder« haben. Hier ist der Hinweis angebracht, daß solchen kausalen Erklärungen ein moralisches Urteil zugrundeliegt: Die »Schlechtigkeit« der Eltern besteht darin, daß sie das Kind oder »dieses Kind« »nicht genug lieben« oder »nicht genügend geliebt haben«. So vereinigt sich das psychologische Vorurteil mit dem kulturellen, nach dem Kinder unter allen Umständen von ihren Eltern geliebt werden müssen; wenn diese Liebe fehlt, hat das ernsthafte Folgen für ihr Sozialverhalten. Daher herrscht heute in der Schule sehr stark die Tendenz, die »Schuld« den Eltern zuzuschieben. Es ist keine Seltenheit, daß Lehrer auch dann, wenn Eltern durchaus freundlich und liebevoll mit ihren Kindern umgehen, sich angesichts einer Verhaltensstörung auf den Mythos berufen und von »unbewußter Feindschaft« oder von »Kompensation in Form von übermäßigem Besitzdenken« sprechen.

Der Mythos von den »schlechten« Eltern bringt einen weiteren Mythos hervor, der sich im erzieherischen Verhalten der psychologisierten Lehrer zeigt: Der Lehrer im traditionellen Sinne hält es für seine Pflicht, abweichendes Verhalten zu bestrafen, der »psychologisierte« Lehrer ist überzeugt, daß man duldsam und nachsichtig sein, weniger strafen, statt dessen dem Schüler entgegenkommen und seine Bedürfnisse »verstehen« sollte.

Das ist der Mythos der »Permissivität« in Gestalt des »affektiven Ausgleichs«: Da, wo die Eltern versagt haben, wo sie es nämlich an der natürlichen Zuneigung haben fehlen lassen, muß der Lehrer mit seiner Freundlichkeit und Güte ansetzen. Dieses Verhalten führt häufig zu absurden Verwicklungen zwischen Lehrern und gestörten Schülern, und dies zum Schaden der schulischen Gemeinschaft: Nicht selten zeigt in solchen Fällen die Schülerschaft insgesamt Symptome einer Störung, in dem deutlichen Versuch, die gleiche erhöhte Aufmerksamkeit auf sich zu ziehen. Dennoch ist dieser Mythos sehr stark und kommt auch in der allgemeinen Überzeugung zum Ausdruck, daß »ein guter Lehrer niemals straft«[13].

Ein letzter Mythos, der sich aus der kritiklosen Anwendung Freudscher Konzepte ergibt, ist der Mythos von der »Eifersucht auf die kleineren Geschwister.« Er hat zu dem Vorurteil geführt, daß das eifersüchtige Kind seine Unzufriedenheit notwendig in Form gestörten oder aggressiven Verhaltens gegenüber seinen Kameraden oder allgemeiner in der Form der Regression (verzögertes Lernen, Infantilismus) zeigt. Wenn der schwierige Schüler einen kleineren Bruder oder eine kleinere Schwester hat, wird automatisch angenommen, daß Eifersucht die Ursache seiner Störungen sei. Das kann sich so auswirken, daß andere Formen der Fallanalyse oder der Intervention gar nicht erst erprobt werden. Eifersucht

erklärt alles, und da es sich dabei um eine »abstrakte Erscheinung« handelt, ergibt sich noch der zusätzliche Vorteil, daß niemanden eine Schuld trifft.
Selbstverständlich hat die psychoanalytische Mode noch viele weitere Mythen und Überzeugungen in die Schule eingeführt, die zu besprechen sehr interessant wäre. Ihre Darstellung würde aber erheblich über den Rahmen dieser Veröffentlichung hinausführen.
Wichtig ist dagegen eine Feststellung grundlegender Art: Das psychoanalytische Vorgehen lenkt die Aufmerksamkeit von der Gegenwart auf die Vergangenheit, auf die Erforschung der Ursachen einer Störung in der frühen Kindheit und im affektiven Kontext der Familie. Das *Hier und Jetzt* der schulischen Situation wird durch das unangemessene und unzureichende psychoanalytische Vorgehen in der Schule ständig vernachlässigt. Das System der Beziehungen in der Schüler-Lehrer-Gruppe findet im Rahmen der Beschäftigung mit den Schwierigkeiten des Problemschülers gar keine Beachtung. Das größte Gewicht liegt dagegen auf den dunklen und geheimnisvollen Vorgängen in der Psyche des Schülers – mit der logischen Folge, daß nun auch innerhalb des psychologischen Fachjargons besonders ausgefallenen Ausdrücken oder bestimmten Neologismen der Vorzug gegeben wird. Das alles schadet der Klarheit der Kommunikation zwischen Psychologen, Lehrern und Eltern und kann den Blick dafür verstellen, daß ja eigentlich die Beobachtung des *Hier und Jetzt* im Mittelpunkt stehen sollte.

»Keine Intervention« – eine revolutionäre Entscheidung?

Die Einstellung vieler Psychologen zur Frage der Intervention läßt sich heute gar nicht deutlich kennzeichnen. Jedenfalls weigern sie sich, Fälle von Nichtangepaßtheit zu übernehmen, da sie die Schule ja gerade als eine »Fehlanpassung bewirkende« Struktur betrachten. Diese ideologische Position, zu der sich auch viele Lehrer bekennen, geht auf die Studentenunruhen des Jahres 1968 zurück. Viele, die als Studenten erlebt haben, wie gegen die Prüfungsordnungen, die Benotung, die bürokratischen Strukturen und das selektive Denken Sturm gelaufen wurde, sind heute als Lehrer an den Schulen beschäftigt. Sie können selbstverständlich die traditionelle Rolle des Lehrers nicht akzeptieren, so wie die Institution dies verlangt. Der starke Druck von seiten der Schulleiter und der Eltern, denen daran gelegen ist, daß die Regeln der Institution respektiert werden, sorgt dafür, daß diese Lehrer sich häufig alleingelassen und ständig frustriert fühlen. Wenn es ihnen aber gelingt, sich zu einer größeren Gruppe zusammenzuschließen, werden sie zu einer mächtigen Kraft, die sich von innen her um Veränderungen und um eine »Umkrempelung« der schulischen Strukturen bemüht. Sie sind davon überzeugt, daß »eine Revolution nötig« sei: Jeder Versuch, die bestehenden Strukturen nur zu modifizieren und diese dann zu stärken, ist ihrer Meinung nach ein gefährlicher Kompromiß mit der Macht. Es kommt häufig vor, daß der Psychologe, der sich in bezug auf seine ideologische Position und die Kritik an der traditionellen Schule mit diesen Lehrern einig weiß, sich ihnen ohne Zögern anschließt, weil er überzeugt ist, daß es ihm auf diese Weise gelingen wird, innerhalb der Institution mehr oder weniger »revolutionär« zu wirken. Damit nimmt er eine Rolle ein, in der er in seiner Eigenschaft als Fachmann überhaupt nicht mehr hervortritt.

Die Mitglieder unserer Forschungsgruppe konnten sich zu einer solchen Lösung nicht entschließen. Das hätte nämlich geradewegs dazu geführt, daß sie nicht nur ihr berufliches Selbstverständnis aufgegeben, sondern auch ihr Forschungsanliegen, so wie es nun einmal projektiert war, außer acht gelassen hätten. Sie waren allerdings davon überzeugt, eine wirklich revolutionäre Einstellung zu vertreten, indem sie nämlich das linear-kausale Modell zugunsten der systembezogenen »zirkulären« Betrachtungsweise aufgaben.

Der Psychologe in der Mittelschule

4

Zur »Rolle des Schulpsychologen«. Eine zusammenfassende Übersicht.
(Veröffentlichung der Provinzialverwaltung Mailand, 1974)

Vorbemerkung

Die hier folgenden Anforderungen und Bitten an den Schulpsychologen sind nicht nach einem streng logischen Schema, sondern eher nach statistischen Kriterien angeordnet. Nicht jeder Schulpsychologe hat es erlebt, daß ihm alle diese Bitten vorgetragen wurden, und umgekehrt war der Schulpsychologe nicht für jede dieser Bitten die richtige Adresse.

Anforderungen und Bitten von seiten der Lehrer

1. Diagnostisch-therapeutische Intervention
— im Fall von fehlangepaßtem Verhalten in Schule und / oder Elternhaus
— im Fall von mutmaßlichen psychischen Störungen (Neurose, Psychose)
2. Psychologische Fortbildung der Lehrer
— Probleme der Entwicklungsjahre
— Psychologie des Lernens
— Ursachen und Formen der Fehlanpassung
— Gruppenbildung und Gruppenprozeß
— didaktische Methodik
3. Maßnahmen im Bereich der interpersonalen Beziehungen
— Führung von Schülergruppen
— Führung von Lehrergruppen
— Leitung von Zusammenkünften in größerem Rahmen und von unterschiedlicher Zusammensetzung (Versammlungen, Begegnungen zwischen Schule und Elternhaus, Kontakte zwischen Schule und »Außenwelt« usw.)
— Förderung des Informationsaustausches innerhalb der Schule

Anforderungen und Bitten von seiten der Schulleitung

1. Zusammenstellung von Schulklassen
2. Zusammenfassende Beurteilung von Schulklassen (damit sollen Fehlanpassung und schulisches Versagen nach Möglichkeit verhindert und die Entwicklung der einzelnen Schüler gefördert werden)
3. Praktische Maßnahmen zur Unterstützung der erzieherischen Bemühungen der Lehrer in Gruppen oder Klassen von »Problemschülern«

4. Wecken von Einsicht und Bereitschaft der Lehrer, sich didaktisch fortzubilden
5. Beratung im Zusammenhang mit Neuerungen und Experimenten (Beispiel: Ganztagsschule)
5. Schullaufbahn- und Berufsberatung für die Schüler
7. Interventionen unterschiedlicher Art in Fällen von abweichendem Verhalten der Jugendlichen (Delinquenz, Drogenkonsum, Prostitution)

Anforderungen und Bitten von seiten des Elternhauses

1. Maßnahmen zugunsten von schwierigen Kindern (Kindern mit schlechten schulischen Leistungen und / oder innerfamiliären Schwierigkeiten)
2. Integration psychisch oder physisch behinderter Kinder in normale Schulen mit dem Ziel, ihre Unterbringung in besonderen Einrichtungen und damit eine Außenseiterstellung zu vermeiden
3. Förderung der Zusammenarbeit zwischen Schule und Elternhaus
4. Belehrung und Unterweisung in Fragen der Erziehung, insbesondere was Probleme der Adoleszenz und die Rolle der Eltern betrifft (psychologisch-pädagogische Ratschläge, Fragen der Sexualerziehung usw.)

Anforderungen und Bitten von seiten der Schüler

Wo der Schulpsychologe bereits zur festen Einrichtung und vertrauten Erscheinung geworden ist, werden auch Bitten um Einzelberatung von seiten der Schüler an ihn gerichtet.

Anmerkung: Bitten und Anfragen der beschriebenen Art kommen gelegentlich auch von anderer Seite (Behörden, lokalen Einrichtungen, Verbänden, Elternvereinigungen usw.)
Der Psychologe wertet und ordnet die Anforderungen und Bitten
— nach den Zielen und Zwecken der Einrichtung, der er angehört,
— nach seinen fachlichen Kompetenzen (die Anfragen sind häufig so verschiedenartig und komplex, daß er sie gar nicht alle bearbeiten kann),
— nach der Durchführbarkeit der jeweils angezeigten Maßnahmen (wie steht es mit der Zusammenarbeit der einzelnen schulischen Bereiche, wie sehen seine eigenen Arbeitsbedingungen aus?)
Zu den damit von vornherein gegebenen Einschränkungen kommt natürlich noch hinzu, daß der Psychologe (wie jeder andere in der Schule Tätige auch) die Ziele und Zwecke der Pflichtschule und die neuen Strömungen im Bereich von Bildung und Erziehung nicht außer acht lassen darf.
Heute wird besonderer Wert auf die »Entwicklung« der Schüler gelegt.

Daraus ergibt sich die Forderung, Fehlanpassung nicht mit Maßnahmen zu verhindern, die ausschließende, sondern mit solchen, die integrierende Wirkung haben (die Betonung liegt auf der Normalität und nicht auf dem krankhaften Geschehen; daher wird in erster Linie die Gesamtheit der Schüler gesehen).

Wenn der Psychologe diesen Gegebenheiten und Erfordernissen gerecht werden will, muß er seine Funktion als Fachmann im Bereich der zwischenmenschlichen Beziehungen betonen, ohne dabei allerdings die therapeutischen und psychologisch-pädagogischen Aspekte seiner Arbeit zu vernachlässigen.

Als Fachmann für zwischenmenschliche Beziehungen unternimmt der Psychologe beispielsweise folgendes:
— Er führt regelmäßig Gespräche mit den Schulleitern über solche Anfragen und Bitten, die eine gemeinsame Entscheidung nötig machen;
— er beteiligt sich (mit Zustimmung des Schulleiters) an der Tätigkeit und den Zusammenkünften der einzelnen Klassenräte;
a) dort stellt er gleich zu Beginn klar, daß man mit seiner ständigen Anwesenheit rechnen muß und er nicht vorhat, nur hin und wieder zu erscheinen;
b) er fordert die Lehrer auf, ihre Aufmerksamkeit auf die Probleme zu richten und »konzertierte Aktionen« zu unternehmen (so sollen etwa Hypothesen gemeinsam aufgestellt und anschließend auf ihre Richtigkeit hin geprüft werden);
c) als Führer der Gruppe hat er also die Funktion des »Problemlösens«;
d) er empfiehlt der Gruppe zwar, die Ziele ihrer Tätigkeit genau im Auge zu behalten, mischt sich aber in bezug auf didaktische Fragen nicht unmittelbar ein (er äußert sich nicht in autoritärer Weise);
— er richtet sein Augenmerk auf die Beziehungen der Lehrer untereinander und wirkt darauf hin, daß sich eventuelle Probleme in diesem Zusammenhang nicht negativ auf die Schüler auswirken;
— er hält sich zur Beratung der Eltern und zu Gesprächen mit ihnen bereit. Deshalb macht er sich ihnen gleich zu Beginn des Schuljahres bekannt und erläutert den Sinn seiner Tätigkeit;
— er hält sich zur Verfügung der Schüler und zeigt dies dadurch an, daß er die Klasse besucht und in einem ersten Gruppengespräch seine Funktion erläutert.

Wenn ihm einzelne Fälle übermittelt werden, dann wird der Psychologe in seiner Eigenschaft als Diagnostiker und Therapeut
— mit den Lehrern Verbindung aufnehmen, um weitere Informationen zu gewinnen und so die einhellig als pathologisch bezeichneten Fälle von jenen zu sondern, die sich auf der Ebene des Klassenrates mit Hilfe

pädagogischer Maßnahmen lösen lassen und keinen klinischen Eingriff erfordern;

— in therapeutischer Intention die traditionelle klinische Typologie (psychiatrische Nosologie) beiseite lassen und versuchen, das Interesse vom Individuum, das zunächst als »krank« bezeichnet worden ist, abzuwenden und auf die Qualität der Beziehungen zu verlagern, die dieses Individuum mit den wichtigen Bezugspersonen in seiner Umgebung unterhält.

Was die immer zahlreicher werdenden pädagogisch-didaktischen Anfragen angeht, so ist zum gegenwärtigen Zeitpunkt die Kompetenz des Psychologen hierfür zumindest zweifelhaft, obwohl es durchaus hin und wieder vorkommt, daß er die Vertretung eines Lehrers übernimmt.

Die genannten Aufgaben erfordern

— ein Studium der Psychologie, das mit der Promotion abschließt; zusätzlich

a) entsprechende Praktika, die nach Dauer und Anspruch der Vielfalt und Vielschichtigkeit der Aufgaben gerecht werden und unter Aufsicht abzuleisten sind,

b) ständige fachliche Weiterbildung;

— Unabhängigkeit von der lokalen schulischen Hierarchie im Sinne der Urteils- und Aktionsfreiheit, die der Psychologe in der Schule notwendig braucht (eine Alternative dazu kann dann gegeben sein, wenn der Psychologe im Dienst einer zwischengeschalteten lokalen Körperschaft steht).

II
Theoretische Überlegungen

5
Epistemologische Gemeinsamkeiten der traditionellen Interventionsformen

Alle Formen der psychologischen Intervention, von denen wir bisher gesprochen haben, gehen ungeachtet ihrer mitunter sehr erheblichen Verschiedenheit auf epistemologische Gemeinsamkeiten zurück[1] bzw. folgen bestimmten begrifflichen Schemata über Natur, Ursprung und Entwicklung seelischer Krankheit und verhaltensmäßiger Störungen. Diese Schemata finden nicht nur auf dem Gebiet der Psychopathologie Anwendung; sie wurzeln tief in der westlichen Kultur und bilden ihr gemeinsames gedankliches und sprachliches Substrat. Es ist nicht möglich, auf einigen wenigen Seiten einen so schwierigen und anspruchsvollen Sachverhalt zu erörtern; wir beschränken uns deshalb hier auf den entsprechenden Hinweis, um so zu unserem Thema der »neuen Epistemologie« überzuleiten, die auf der Einführung unterschiedlicher und gelegentlich sogar einander entgegengesetzter begrifflicher Modelle beruht.

Wir haben gesehen, daß der Psychologe, dem ein Fall von Störverhalten berichtet worden ist, sich im allgemeinen damit befaßt, die »Natur« dieser Störung aufzudecken: Das Gespräch, die diagnostischen Erhebungen, die Informationen über die persönliche Vorgeschichte und die familiale Umwelt des Patienten verdeutlichen, in welcher Weise nach den »objektiven« Gründen der Störung gesucht wird. Die Aufmerksamkeit gilt allein den innerpsychischen Mechanismen des Patienten, die als Träger der Störung betrachtet werden. Der modernen Psychologie und ganz besonders der Psychoanalyse ist es zu verdanken, daß die Wissenschaft einen riesigen Schritt nach vorn getan und die Vorstellung überwunden hat, daß psychische Krankheit organische Ursachen habe, also an eine somatische Dysfunktion gebunden sei. Häufig ist dieses Bild auch vollkommen verkehrt worden, und man hat vermutet, daß bestimmte somatische Krankheiten ihre Wurzeln in der menschlichen Psyche haben. Aber das klassische Schema der »monadischen Konzeption« des Menschen, der angeblich aus Soma und Psyche mit ihren wechselseitigen Beziehungen besteht, wurde nicht aufgegeben. Wenn man schon angesichts eines abnormen Verhaltens, wie es beispielsweise die vielfältigen Manifestationen sind, die wir unter dem Begriff der Schizophrenie zusammenfassen, nicht mehr nach den »Schizokokken« sucht, so ist man doch überzeugt,

a) daß man einen Menschen vor sich hat, der Träger einer Krankheit ist und dessen psychische Funktionen dysfunktional sind;

b) daß man durch die Untersuchung seines Geisteszustandes, durch Beobachtung und immer bessere Kenntnis seiner Person schließlich die Ursachen dieser Dysfunktion aufdecken kann;
c) daß die größte Schwierigkeit in der Beseitigung dieser Dysfunktion liegt, deren Wurzeln in der fernen und daher häufig nicht mehr rekonstruierbaren Vergangenheit liegen;
d) daß die anderen (Eltern, Mitglieder der größeren Gemeinschaft) als Mittler in Frage kommen; sie haben die Krankheit, die nun allerdings im Symptomträger zu finden ist, entfesselt und begünstigt.
So werden seelische Krankheit und gestörtes Verhalten häufig zum unentzifferbaren Geheimnis. Das Verhalten ist seltsam und nicht zu deuten; in diesen Dimensionen wird das Unbewußte zum unerforschten und unbekannten Bereich, in dem alles möglich ist. Die Ratlosigkeit des Psychologen oder des Therapeuten läßt sich mit dem Fehlen der entsprechenden analytischen Instrumente erklären; was aber gar nicht erst zur Diskussion gestellt wird, das ist die Richtung der Forschung und das Objekt der Analyse, das heißt *die Legitimität der Vorstellung von der innerpsychischen Verwurzelung seelischer Krankheit.*
So stellt sich die traditionelle Sehweise dar. Der epistemologische Wandel besteht darin, daß man die mechanistisch-kausale Betrachtung der Phänomene, die bis in die jüngste Zeit in der Wissenschaft vorherrschend war, zugunsten einer systembezogenen Sicht aufgegeben hat. Forschungs- und Untersuchungsobjekt ist hier nicht mehr das individuelle innerpsychische Geschehen, sondern das System der Beziehungen, an dem das Individuum beteiligt ist. In diesem Kontext wird das Symptom nicht als äußere Manifestation einer innerhalb des einzelnen Menschen angesiedelten Krankheit untersucht, sondern seine kommunikative Bedeutung im Rahmen dieses Systems von Beziehungen[2].
Eine solche – systembezogene – Sicht bringt neue Probleme mit sich, auch semantischer und syntaktischer Art. Zum einen findet eine Terminologie Anwendung, die sehr weitgehend Begriffe aus anderen konzeptuellen Schemata verwendet und deshalb ständig präzisiert werden muß; man denke an Ausdrücke wie Symptom, Pathologie, Angst, Depression usw. Zum anderen soll ja nicht individuelles Verhalten festgehalten werden, sondern es sollen interpersonale Beziehungen und damit die Kommunikationen beschrieben werden, die zur gleichen Zeit auf verschiedenen Ebenen ablaufen.
In diesem Zusammenhang sagt J. Haley[3], daß in den letzten Jahren in der Psychiatrie und in der Psychologie zwar eine Wende eingetreten ist, die sich als Verlagerung der Aufmerksamkeit von den innerpsychischen Prozessen des Individuums auf seine Beziehungen zu den Mitmenschen be-

schreiben läßt, daß aber »dennoch unvermeidlich Mängel bleiben, was die Terminologie wie auch die Konzepte angeht; alle modernen Versuche, Psychotherapie zu beschreiben, sind in einer Sprache abgefaßt, die man als ›individuumzentriert‹ bezeichnen kann . . . [Die übliche Sprache der Psychiatrie und der Psychologie] kann zum Beispiel nicht das Verhalten eines Psychotherapeuten und seines Patienten in ihrer wechselseitigen Interaktion beschreiben [ebensowenig wie ihre Transaktionen] sich nach den theoretischen Modellen konzipieren lassen, die diesen Termini zugrundeliegen.«

Die Schwierigkeit, zu angemessenen Beschreibungen zu gelangen, wird noch vergrößert durch die »Tyrannei der sprachlichen Konditionierung« gerade unserer Kultur. Bezeichnend sind in diesem Zusammenhang die Ausführungen von Mara Selvini Palazzoli und ihren Mitarbeitern in »*Paradoxon und Gegenparadoxon*«[4]:

»Schließlich gelang es uns auch, uns darüber klarzuwerden, wie stark uns die Zugehörigkeit zu einer bestimmten sprachlichen Welt konditionierte. Da der Gedanke sich durch die Sprache formt, erleben wir die Realität entsprechend dem sprachlichen Modell, das auf diese Weise für uns mit der Realität zusammenfällt. Die Sprache ist jedoch nicht die Realität. Tatsächlich ist die Sprache linear, während die lebendige Realität zirkulär ist. Shands schreibt:

›Die Sprache schreibt uns vor, die Daten in linearer und diskursiver Weise zu ordnen. Da wir im Unbewußten überaus stark von der sprachlichen Methode beeinflußt sind, machen wir uns schließlich ganz bewußt die Vorstellung zu eigen, daß das Universum linear nach dem allgemein gültigen Muster von Ursache und Wirkung organisiert sei. Da die Sprache Subjekt und Prädikat erfordert, jemanden, der handelt, und jemanden, der durch dieses Handeln beeinflußt wird, und dies in vielen verschiedenen Kombinationen und Abwandlungen, schließen wir daraus, dies sei die Struktur der Welt. Sobald wir uns jedoch schwierigen und komplizierten Zusammenhängen zuwenden, stellen wir fest, daß es uns nicht möglich ist, eine Ordnung zu finden, die so konkret definiert wäre, es sei denn, wir würden sie der Realität aufzwingen; wir ziehen demzufolge inmitten fortwährender Veränderung eine Grenze, die den Unterschied zwischen ›hypo-‹ und ›hyper-‹, ›normal‹ und ›abnormal‹, zwischen ›schwarz‹ und ›weiß‹ anzeigt.

Jedenfalls setzt uns die absolute Unvereinbarkeit der beiden herrschenden Systeme, in denen sich menschliches Sein vollzieht, gefangen: Wir sitzen fest zwischen dem lebendigen System, das dynamisch und zirkulär ist, und dem symbolischen System (der Sprache), das beschreibend, statisch und linear ist.

Die Menschheit mußte bei der Entwicklung der Sprache, die ihr artspezifisches Charakteristikum ist und gleichzeitig *das* Instrument zur Organisation und Weitergabe der Kultur, zwei voneinander gänzlich verschiedene Kommunikationsweisen integrieren, die analoge und die digitale:
›Nur dem Menschen sind Kultur wie Psychose gegeben, was von der Integration oder dem Wettstreit zwischen den beiden Ebenen abhängt.‹
Wenn wir zur Beschreibung einer Transaktion nun die beschreibende, lineare Sprache verwenden, so müssen wir zwangsläufig mit einer Dichotomie arbeiten bzw. eine Reihe von Dichotomien einführen, denn ›es ist unmöglich, eine zirkuläre Organisation zu beschreiben, gerade weil die Natur *symbolischer* Operationen von der Natur lebendiger Operationen völlig verschieden ist.‹
Die Notwendigkeit, mit Dichotomien zu arbeiten (wozu die Sprache uns zwingt) und damit unvermeidlich ein *Vorher* und ein *Nachher* einzuführen, ein Subjekt und ein Objekt, in dem Sinne, daß es jemanden gibt, der handelt, und jemanden, der dieses Handeln erleidet, führt zu dem Postulat des Ursache-Wirkungs-Prinzips und in dessen Konsequenz zu einer moralisierenden Definition.
Unserer Meinung nach ist der Moralismus der Sprache inhärent, gerade weil das sprachliche Modell linear ist. Dies wird im 15. Kapitel deutlich, am Beispiel einer psychotischen Patientin, die die Rolle eines autoritären, gewalttätigen Familienvaters spielt. Man ist in diesem Fall versucht, die Ursache dieser Pathologie in der ›Unfähigkeit‹ und ›Passivität‹ des wirklichen Vaters zu sehen und auf diese Weise unversehens den Vater moralisierend zu beurteilen. In Wirklichkeit sind im zirkulären Modell die beiden Verhaltensweisen nichts anderes als komplementäre Funktionen ein und desselben Spiels.«

6
Der systemtheoretische Ansatz

Was ihren theoretischen Ansatzpunkt anging, so mußte die Gruppe sich also nicht nur den grundlegenden Gedanken zu eigen machen, daß das »Wesen der Störung« nicht erforschbar ist, sondern auch den weiteren Gedanken, daß es formal nicht möglich ist, ein Verhalten zu bestimmen, das isoliert bzw. losgelöst ist vom gleichzeitigen Verhalten anderer, mit denen das Individuum in einem festgelegten Umfeld Beziehungen unterhält. Der systemtheoretische Ansatz leugnet in der Tat die Gültigkeit aller Versuche, ein einzelnes Phänomen für sich und sozusagen »vergegenständlicht« zu erklären. Auf der Grundlage dieses Prinzips erkannte die Gruppe sogleich, daß es große Anstrengung kosten würde, die bisherige Art der Betrachtung der Phänomene zu ändern und gewissermaßen »um die Dinge herum« zu denken, sei es nun im Bereich der praktischen Arbeit oder im Rahmen der Gruppendiskussionen.

Es erwies sich daher als notwendig, die zur Diskussion stehenden Fragen neu zu formulieren. Zum Beispiel: Wie soll man auf die Übermittlung eines Falles von Störverhalten reagieren, wenn man *systembezogen, nämlich in den Begriffen von Interaktion, Rückkopplung und Kreisförmigkeit aller Kommunikation* denkt?

Es ging nicht darum, einfach den Umstand zu unterstreichen, daß das Verhalten jedes einzelnen die Reaktionen der anderen beeinflußt und von diesen seinerseits beeinflußt wird. Die Aufgabe lautete vielmehr, in jeder einzelnen Situation die gerade wirksamen *Regeln des systemischen Spiels* zu erkennen, um so zu einer Strategie der Intervention zu finden, die auf die *Regeln der Interaktion* Einfluß nehmen und so — über die Strukturierung positiver Rückkopplungen — eine Veränderung herbeiführen könnte. Die erste Konsequenz aus diesen Überlegungen mußte daher in dem Versuch bestehen, das Feld der Beobachtungen zu vergrößern und die gemeldete Störung in einen umfassenderen Kontext zu bringen. In der Schule ging es also in erster Linie darum, den »Fall«, den ein einzelner Lehrer gemeldet hatte, in den größeren Kontext des Klassenrates zu stellen – und dies nicht, um ihn öffentlich zu besprechen oder den Lehrern die Probleme des betreffenden Schülers ins Bewußtsein zu rücken, sondern weil versucht werden sollte, die gesamte Situation in ein interaktives System zu bringen, also in ein System von *Personen, die mit anderen Personen kommunizieren.* Auf diese Weise ließen sich die sogenannten Verhaltensstörungen im Licht der Gegenwart, des »Hier und Jetzt«, innerhalb eines ganz bestimmten Beziehungsgeflechts betrachten, ohne den Rückgriff auf vergangene Geschehnisse, die – ob sie sich nun nur vermutlich oder aber tatsächlich abgespielt hatten – in jedem Fall nicht mehr zu ändern waren. Es sei an dieser Stelle auch klargestellt, daß der Psychologe mit seiner Beteiligung am Klassenrat nicht etwa vorhatte, den Lehrern den systemtheoretischen Ansatz zu verdeutlichen. Das Ziel bestand vielmehr darin, mehr und bessere Informationen von dem übermittelten Fall zu gewinnen und mögliche Unstimmigkeiten unter den Lehrern in diesem Zusammenhang aufzudecken, damit man gemeinsam nach einer strategischen Alternative zur reinen Berichterstattung über den Fall oder zur Falldiagnose suchen konnte. Aus der Arbeit mit den Klassenräten ergab sich, was theoretisch bereits bekannt war: Die übermittelten Fälle waren im allgemeinen ein Symptom für die Dysfunktionalität der Kommunikationen innerhalb des Systems Schulklasse.

Auch das Konzept der Normalität verlor seinen objektiven Bezug. Der als fehlangepaßt bezeichnete Schüler wurde als ein Mensch gesehen, der die Dysfunktionalität der Kommunikation innerhalb des Systems und zwistand eine Diskussion über das Problem der »Interpunktion«[6] eines Falten annahm, das *eben dieser Dysfunktionalität angemessen* war[5]. Zugleich entstand eine Diskussion über das Problem der »Interpunktion«[5] eines Falles, also der willkürlichen und voreiligen Schuldigsprechung. Bekanntlich wird bei der Untersuchung einer psychischen Störung zunächst nach den Ursachen gesucht. Wenn dabei nach dem linearen Modell vorgegangen wird, sucht man herauszufinden, welcher Umstand bzw. welches Ereignis denn den Ursprung des pathologischen Geschehens markiert. Für die systembezogene Betrachtungsweise dagegen erscheinen sowohl das Konzept der Pathologie als auch das lineare Modell der Ursachenerforschung ebenso wie die willkürliche Interpunktion einer Sequenz von Ereignissen fruchtlos, wenn man eine Veränderung herbeiführen will.

Die genannten Konzepte und Vorgehensweisen werden entsprechend ersetzt:

– durch das Konzept der *spezifischen Dysfunktionalität* des Systems, an der außer dem Individuum und den Übermittlern des Falles noch weitere Personen beteiligt sind;

– durch das »kreisförmige« Modell, nach dem in einem spezifischen System – etwa einer Reihe von Phänomenen A, B, C, D – das Phänomen D gewissermaßen »umläuft« und Phänomen A beeinflußt, anstatt in eine irreversible Sequenz zu geraten;

– durch die Weigerung, das als *Realität* zu betrachten, was allein Ergebnis einer willkürlichen Interpunktion des Geschehens ist, mit der ein für allemal bestimmt wird, wer (und sei es auch ganz unbewußt) an einer mißlichen Situation schuld ist, ohne der Frage nach der Beschaffenheit der wechselseitigen Beziehungen nachzugehen.

Die Mitglieder der Forschungsgruppe hatten zuvor alle schon negative Erfahrungen gemacht, wenn sie versucht hatten, bei Schülern, die ihnen übermittelt worden waren, von innerpsychischen Momenten auszugehen. Jetzt entdeckten sie — wenn auch unter Schwierigkeiten und Rückschlägen und in Verfolgung sehr bescheidener Ziele — allmählich die Angemessenheit und Richtigkeit des systembezogenen Ansatzes, wenn schließlich das Problem mit Hilfe der zirkulären Betrachtungsweise »sichtbar« wurde. Und nur dann gelang es auch, das entsprechende weitere Vorgehen zu planen. Es erscheint daher angebracht, nun zu den Definitionen von System, Kontext und Beziehung überzugehen, wie wir sie verwenden, und ihre Anwendung für den schulischen Bereich genauer zu erläutern.

7

Was ist ein System?

Wir halten uns an die Definition von Hall und Fagen, nach der ein System » ... ein Aggregat von Objekten und Beziehungen zwischen den Objekten und zwischen ihren Merkmalen ... « ist, wobei nach Watzlawick und seinen Mitarbeitern »unter den *Objekten* die Bestandteile des Systems, unter *Merkmalen* die Eigenschaften der Objekte zu verstehen sind und die *Beziehungen* den Zusammenhalt des Systems gewährleisten.«[7]

Diese Definition erfährt eine grundlegende Präzisierung: Als Systeme, in denen die Intervention des Psychologen möglich und wirksam ist, lassen sich jene »gewordenen« Gruppen bezeichnen, die sich nach einer gewissen Zeitspanne, die für ihre Entfaltung und die Entwicklung gemeinsamer Ziele ausreicht, als funktionale Einheiten konstituiert haben und von eigenen und einmaligen Regeln gelenkt werden. Mit anderen Worten, dieser Typ der natürlichen Gruppe, dieses gewordene Aggregat von Subjekten, das wir »System« nennen, ist ein Organismus mit eigenen Merkmalen, die sich nicht auf die Merkmale der für sich betrachteten Teile reduzieren lassen; dieses System hat eigene Regeln, die nur in seinem Innern Geltung besitzen; es lebt von den Interaktionen seiner Teile (Beziehungen), die als zirkulär angesehen werden. Systeme, die mit »gewordenen Gruppen« identisch sind, lassen sich als »offene Systeme« definieren, die ständig Beziehungen zu anderen Systemen unterhalten; und zwar geschieht dies durch den fortwährenden Austausch von Informationen und Rückkopplungen, die das menschliche Dasein im weitesten Sinne betreffen.

Die Eigenschaften eines offenen Systems sind:

– *Ganzheit*: Das System überschreitet die individuellen Merkmale seiner Teile bei weitem; es ist nicht einfach eine Summierung seiner Komponenten, sondern es hat seine eigene Komplexität und Originalität; jede Veränderung eines einzelnen Teiles betrifft auch alle übrigen, wirkt sich auf sie aus und hat zur Folge, daß das System insgesamt ein anderes wird;

– *Selbststeuerung* (Homöostase und Transformation): Aus der Entscheidung für die Begriffe Information und Kommunikation ergibt sich die Hervorhebung des »Feedback« (der Rückkopplung oder Retroaktion), jener Rückinformation also, die dem ursprünglichen Sender mitteilt, welche Modifikationen seine Botschaft beim Empfänger erfahren hat, und die den Sender zu weiterer Kommunikation veranlaßt. Diese Sequenz ist theoretisch endlos. Rückkopplungen können negativ oder positiv sein: Die negative Rückkopplung schwächt oder annulliert den auf Veränderung gerichteten Druck und begünstigt die Homöostase; die positive Rückkopplung erweitert und verstärkt die Forderung nach Veränderung und begünstigt die Transformation;

— *Äquifinalität:* Die Modifikationen im Innern eines Systems, wie sie im Laufe der Zeit aufeinander folgen, sind weitgehend unabhängig von den anfänglichen Bedingungen. Sie ergeben sich vielmehr aus den innerhalb des Systems ablaufenden Prozessen und aus den Regeln, die das System sich gesetzt hat und durch die letztlich aus gleichen Anfangszuständen verschiedene Endzustände entstehen können und umgekehrt. Entscheidend sind also nicht die Bedingungen am Anfang, sondern die organisatorischen Parameter des Systems zum jeweiligen Zeitpunkt.

8
Merkmale des Systems: Homöostase und Veränderung

Wie jedes System zeichnet sich auch das interaktive System durch das gleichzeitige Vorhandensein zweier Tendenzen aus, die von gleicher Wichtigkeit für sein Überleben sind: die Tendenz zur Beständigkeit und die Tendenz zur Transformation. Jedes lebendige System läßt sich anhand des Gleichgewichtes zwischen diesen beiden Tendenzen definieren[3]. Wenn sich im Innern des Systems kein funktionales Gleichgewicht zwischen den beiden Tendenzen einstellt, gerät das System in eine Krise: Es kann zerbrechen, wenn es nicht seine Zuflucht zu einer Intervention von außen nimmt, um seine Kontinuität doch noch zu wahren. Zum Zerfall des Systems kommt es bei absoluter Vorherrschaft der Tendenz zur Transformation, durch die ja jede Definition der Beziehung zwischen den Kommunikanten ständig verändert wird. Wenn dagegen die Tendenz zur Homöostase deutlich vorherrscht und die Homöostase von einer Veränderung bedroht ist, dann wird Zuflucht zu einer Macht außerhalb des Systems genommen. Alle Systeme neigen aus ökonomischen Gründen zur Beständigkeit; die lebendigen Systeme allerdings erhalten, soweit sie offene interagierende Systeme sind, sowohl von außen als auch aus ihrem Innern Anreize zugunsten einer Transformation. Manche Systeme – familiale, schulische, berufliche usw. – erreichen ein Gleichgewicht zwischen den beiden Tendenzen. Andere, die starrer strukturiert sind und nicht solche flexiblen Regeln besitzen, betonen die Stabilität gegenüber der Transformation; in diesen letzteren ist die Homöostase vorherrschend. Wenn in einem solchen System das Verhalten eines Mitgliedes die Homöostase bedroht und die dem System zugänglichen Mittel, dieses Verhalten wieder in systemkonforme Bahnen zu lenken, sich nicht anwenden lassen, dann werden ein oder mehrere Mitglieder angesichts des drohenden Zerfalls der Homöostase eine Intervention von außen erbitten. Der Fachmann wird gerufen, der mit seinem Eingreifen das System vor der Transformation schützen soll, die seinen statischen Zustand bedroht. Man zieht nun vor allem den Psychologen und paradoxerweise gerade jenen Psychologen hinzu, der sich als »Agent der Veränderung« bezeichnet, damit er sich mit solchen Systemen befaßt, die von einer gefürchteten Veränderung bedroht sind. Watzlawick, Weakland, Fisch[9] unterscheiden zwei Arten der Veränderung: diejenige Veränderung, die sich im Innern eines Systems ergeben kann, das seinerseits aber als System, das heißt in seiner globalen Organisation, unverändert bleibt (Veränderung erster Ordnung), und diejenige Veränderung, die das System insgesamt ergreift und transformiert (Veränderung zweiter Ordnung).

Die Autoren gründen diese Aussagen auf die mathematische Gruppentheorie, soweit es die Veränderung im Innern des Systems angeht, also die Veränderung erster Ordnung, bzw. auf die Logische Typenlehre, soweit es die Veränderung zweiter Ordnung betrifft. Im ersten Fall kommen Operationen in Gang, die eine Verschiebung der Beziehungen im Innern des Systems bewirken, ohne daß die neu eingetretenen Verhältnisse den Rahmen des zuvor bestehenden Funktionsschemas sprengen würden. Im zweiten Fall bringen die Transformationen eine Veränderung der gesamten Organisation des Systems mit sich (Änderung der logischen Ebene, vom »Element« zur »Klasse«). Als Beispiel nennen die Autoren den Traum: Bei einer geträumten Gefahr führt das Agieren innerhalb des Traumes — das Fortlaufen, Schreien, Kämpfen — nicht zum Ende des Alptraums. Wir haben es hier mit der Ebene der Veränderung erster Ordnung zu tun. Die einzige Möglichkeit, eine wirkliche Veränderung herbeizuführen, dem Alptraum also ein Ende zu bereiten, wäre das Heraustreten aus dem Traum, das Aufwachen: dies würde die Ebene der Veränderung zweiter Ordnung bedeuten.

Wenn wir diese Überlegungen auf die konkreten Situationen beziehen, die der Psychologe in der Institution Schule erlebt, könnten wir uns nun fragen: Was will eigentlich ein Klassenrat vom Psychologen, wenn er den Fall eines Schülers vorträgt, der abweichendes Verhalten zeigt?

Eingedenk der oben kurz angedeuteten Theorie kann man annehmen, daß das System, in diesem Fall also die Gruppe der Lehrer, nur gerade soviel verändern möchte, um das Gleichgewicht, wie es zuvor bestanden hat, wiederzuerlangen. Mit anderen Worten, das System will gerade soviel verändern, daß es ihm möglich ist, sich eben nicht zu verändern (Veränderung erster Ordnung). Das läßt sich durchaus erreichen. Es ist möglich, sich in so beschränktem Ausmaß und innerhalb eines zuvor schon festgelegten Rahmens zu verändern, daß man »wieder da ankommt, wo man hergekommen ist« – allerdings mit Hilfe des Psychologen.

9
Eine operative Definition des Systems: Systeme und Subsysteme

Nachdem unsere Forschungsgruppe sich die Begriffe des interaktiven Systems und der verschiedenen Ebenen der Veränderung theoretisch zu eigen gemacht hatte, konnte sie im Zuge weiterer Überlegungen auch ihr praktisches Vorgehen neu bestimmen. In bezug auf die Ebenen der Veränderung wurde zunächst die folgende Überlegung angestellt: Sowohl der einzelne Patient, der den Psychoanalytiker bittet, ihn aus einer mißlichen und seinem Wohlbefinden abträglichen Lage zu befreien, als auch die Familie, die den Therapeuten um Behandlung eines Angehörigen ersucht, wie schließlich die Schule mit ihrer Forderung an den Psychologen, den fehlangepaßten Schüler entweder zu heilen oder ihn in einer besonderen Einrichtung unterzubringen – sie alle tragen nur solche Anliegen vor, die sich auf eine Veränderung erster Ordnung beziehen, eine Veränderung also, die die Stabilität der Situation insgesamt gewährleistet. Deshalb wurden nun einige alte Fälle von neuem aufgerollt und untersucht. Wir analysierten noch einmal die *vorgenommenen* Interventionen und trafen eine Unterscheidung zwischen den Ergebnissen nach dem Gesichtspunkt »erster Ordnung« und »zweiter Ordnung«. Dabei wurde die grundsätzliche Verschiedenheit der Ergebnisse deutlich, und wir beschlossen, unsere Marschrichtung radikal zu ändern:
– Die Bitte um Intervention sollte von nun an gerade dazu benützt werden, auf ein Ziel hinzuarbeiten, das von dem nach außen verkündeten (Lösung des Falles) wie auch von dem insgeheim von den Mitgliedern des Systems erhofften und erwarteten Ziel (Verteidigung der Homöostase) abwich;
– der Blick sollte sich von nun an auf die Intervention »in« das System richten, und das taktische Vorgehen sollte auf eine Neustrukturierung des Systems zielen; es sollte nicht auf »irgendeine« Lösung des übermittelten Falles hingearbeitet werden, sondern alle Operationen sollten dahin gehen, Beziehungen und Interaktionen innerhalb des Systems zu schaffen, die nicht zur weiteren »Übermittlung von Fällen« führen würden;
– es sollte also einer Form von Intervention der Vorzug gegeben werden, die funktionale Kommunikationen fördern würde – im Gegensatz zu jener eher unverbindlichen Intervention, die sich darauf beschränkte, die Übermittler des Falles aus einer unbehaglichen Situation zu befreien.
Die Gruppe bemühte sich daher um eine operationale Definition des

»Systems«: Bei Bekanntwerden eines Falles sollte konkret bestimmt werden, *bis zu welchem Punkt* das Feld der Untersuchungen zu erweitern und die interagierenden Subjekte zu beobachten seien. Es wurde klargestellt, daß das kleinste System sich aus zwei Personen zusammensetzt, die miteinander kommunizieren und interagieren, und daß Fälle von Schülern, die ein Störverhalten zeigen, häufig durch den Lehrer bzw. durch mehrere Lehrer übermittelt werden. Daher mußte in jedem einzelnen Fall erwogen werden, ob es nützlich und notwendig sei, zusätzliche Informationen einzuholen oder weitere Personen − als Mitglieder des Systems − hinzuzuziehen. Die gleiche Notwendigkeit ergab sich auch für solche Schwierigkeiten, die ganze Klassenräte, Lehrer- oder Erzieherkollegien betrafen. Im Kern lautete die Frage also: Wie läßt sich das System begrenzen?

Anfangs entschied man sich dafür, die Ebene der Informationen zu erweitern und sich um Daten aus dem weiteren Umkreis des Falles zu bemühen. Damit wurde der enge Rahmen gesprengt. Dieses Vorgehen entspricht der in der Familientherapie üblichen Erweiterung des Beobachtungsfeldes; dort wird systembezogen operiert, indem man nämlich die erweiterte Familie und alle diejenigen miteinbezieht, die ständige Beziehungen mit der behandelten Kernfamilie unterhalten. Die Anlehnung an dieses Vorgehen war zwar insofern nützlich für die Gruppe, als sie ihr half, sich vom linear-kausalen Denken und von der entsprechenden Betrachtungsweise einer Störung zu lösen. Sie brachte aber auch für jede problematische Situation, mit der die Gruppe sich beschäftigte, eine Unmenge der unterschiedlichsten Daten, die sich gar nicht verwenden ließen. Dies trat besonders dann ein, wenn es um Fälle von dysfunktionaler Kommunikation auf der Ebene eines ganzen Klassenrates ging oder wenn gar die Schule insgesamt betroffen war.

Zu diesem Zeitpunkt war die Forschungsgruppe der irrigen Annahme, man könne sich − selbst in einem vollständigen schulischen System, das sich im Chaos befand − an jene organisatorischen Parameter halten, die in kleinen Systemen wie den familialen festgestellt worden waren[10]. Daraus entwickelte sie den Vorsatz, verborgene Allianzen und uneingestandene Koalitionen aufzudecken und die Schwierigkeiten zu beseitigen, die beispielsweise im Zusammenhang mit Fragen der »Führung« zwischen Schulleiter, Lehrern und der Schulbehörde[11] bestanden. Wie nicht anders zu erwarten, mußte die Gruppe dann allerdings angesichts der zahllosen und vielfältigen Faktoren, die eine systembezogene Sicht der Situation (und damit natürlich auch jede Möglichkeit einer Intervention) verhinderten, die Waffen strecken. Immerhin ließen sich aus diesem fehlgeschlagenen Versuch gewisse Lehren ziehen:

— Der Begriff des »Systems« wurde neu überdacht; er konnte auch auf Subsysteme Anwendung finden, die allerdings nicht als unabhängige monadische Einheiten, sondern als Substrukturen zu betrachten waren und zwischen denen nur im Blick auf eine wirksame Intervention überhaupt Unterscheidungen getroffen werden durften;

— das Subsystem, das untersucht werden sollte, war möglichst genau abzugrenzen; zu diesem Zweck mußten alle vorhandenen Informationen geprüft und eine Auswahl unter ihnen getroffen werden. Es mußte im voraus festgelegt werden, auf welche deutlich abgegrenzten Bereiche sich eine Intervention erstrecken sollte (nur ein Teil des Klassenrates, nur eine bestimmte Gruppe von Schülern einer Klasse usw.), um überhaupt einen pragmatischen Effekt zu haben;

— die Absolutsetzung theoretischer Grundsätze mußte vermieden werden, da sie im makroinstitutionellen Bereich zu einer nicht mehr übersehbaren Zahl von Kontexten führen würde;

— man einigte sich schließlich darauf, daß die Ziele des intervenierenden Psychologen begrenzt sein müßten, wenn die Intervention sich auf der Ebene des Subsystems abspielte. Das war auch deshalb wichtig, weil vermieden werden mußte, daß der Psychologe sich auf aussichtslose Unternehmungen einließ, die zwar verlockend, aber zum Scheitern verurteilt waren.

Die Gruppe war sich der Gefahr bewußt, die darin liegt, daß man sich die jeweils bestmögliche Lösung eines Falles konkret vornimmt — damit macht man sich auf den Weg zu unerreichbaren Zielen. Wie sollte man auch mit einiger Aussicht auf Erfolg Ziele angehen, wie: »Nahtlose Einfügung des schwierigen Schülers«, »Endgültige Beseitigung aller Konflikte zwischen Schulleiter und Lehrern« oder »Völliger Einklang zwischen den Interessen des Schülers und den didaktischen Grundsätzen«?

Das »Kochen auf kleiner Flamme«, das Aufstellen eher beschränkter Ziele im Rahmen deutlich umrissener Kontexte wurde zu einer Regel, an die sich die Gruppe mit Erfolg hielt. Die Erfahrung zeigte, daß das Wirken »im kleinen« — man erreicht z. B., daß zwei Mitglieder eines Subsystems sich nicht weiter in die gegenseitige Rivalität hineinsteigern — mit der Zeit größere Veränderungen bewirken kann als der ehrgeizige Versuch, sofort ein zu großes Umfeld zu beackern.

10
Die schulische Gemeinschaft als System

Watzlawick[12] unternimmt im Anschluß an seine Analyse der Definition des Systems, wie sie von Hall und Fagen vorgeschlagen wurde, den Versuch, ein interaktives — zwischenmenschliches — System zu beschreiben, in dem »zwei oder mehrere Kommunikanten das Wesen ihrer Beziehung definieren«. In diesem Sinne stellt die Schule (der einheitlich geleitete schulische Verband) ein weitläufiges System dar, innerhalb dessen sich mehrere Subsysteme ausmachen lassen, die einander in vielfältiger Weise überschneiden und in unterschiedlicher Form miteinander kommunizieren und denen gegenüber die Institution Schule »die Umwelt« darstellt. Im schulischen Bereich sind die »Klasse« und nächst ihr der »Lehrkörper« (Schulleiter und Lehrer) diejenigen Subsysteme, die die größte zeitliche Stabilität und Redundanz besitzen.

Diese beiden Subsysteme besitzen alle Eigenschaften von offenen Systemen insoweit, als sie ständig Informationen untereinander und mit ihrer Umwelt austauschen. Zur Verdeutlichung wollen wir die Merkmale offener Systeme hier auf eine hypothetische Schulklasse anwenden:

Die Klasse zeichnet sich durch »*Ganzheit*« aus: Jedes Mitglied der Klasse unterhält mit den anderen Mitgliedern Beziehungen der Art, daß jede Veränderung in ihm selbst eine Veränderung im gesamten System hervorruft. Jedes Verhalten eines Mitgliedes der Klasse beeinflußt die übrigen Mitglieder und wird wiederum von diesen beeinflußt. Zur Homöostase des Systems tragen deshalb in gleicher Weise die »ausgeglichenen, ruhigen und gewissenhaften« wie die »ungestümen, unruhigen und störenden« Schüler bei[13]. Wenn wir davon ausgehen, daß das Verhalten jedes einzelnen in der Klasse in engem Zusammenhang mit dem Verhalten aller übrigen steht, dann läßt sich daraus ableiten, daß die offensichtlich krankhaften Züge der einen für die offenbare Normalität der anderen funktional sind und daß möglicherweise die Homöostase der Gruppe sich gerade auf das Vorhandensein bestimmter störender Verhaltensweisen stützt. Das Prinzip der »Ganzheit« widerspricht dem diffusen Vorurteil bezüglich der menschlichen Interaktion, das von einseitigen Beziehungen zwischen den Elementen ausgeht und etwa besagt, daß A zwar B, B aber nicht A beeinflussen könne. Die Beziehungen zwischen den Mitgliedern einer Klasse sind, wie alle Beziehungen innerhalb eines interaktiven Systems, kreisförmig: Reaktion und nachfolgendes Ereignis sind nicht voneinander zu trennen, und es ist ganz und gar willkürlich, die Abfolge von Verhaltensweisen nach Ursache und Wirkung, Herausforderung und Herausgefordertsein usw. »interpunktieren« zu wollen. Wer behauptet, daß das Verhalten von A Ursache des Verhaltens von B innerhalb der Schulklasse sei, will die Wirkung des Verhaltens von B auf A nicht wahrhaben. Wir müssen also

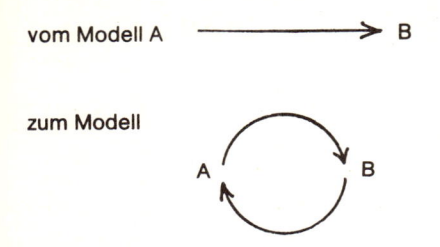

vom Modell A ⟶ B

zum Modell

A ⟲ B

fortschreiten, und innerhalb dieses Modells ist es ganz einfach nicht möglich zu sagen, wer von den beiden »angefangen« hat.
Die Schulklasse ist mithin ein retroaktives System, das heißt ein System der Rückkopplung.
Tatsächlich führt uns das kreisförmige Modell zum Konzept der Rückkopplung hin. Jedes Verhalten von A innerhalb der Klasse, das ja eine Weitergabe von Informationen darstellt, bewirkt ein »Feedback« der Reaktionen bei allen übrigen Mitgliedern der Klassengruppe. Diese Rückkopplungen (oder Retroaktionen) funktionieren ihrerseits gegenüber A und gegenüber jedem anderen Mitglied (B, C, D usw.) als Informationen, die weitere Rückkopplungen hervorrufen. Der Informationsaustausch ist deshalb endlos, und in interpersonalen Systemen wie etwa der Schulklasse können die Rückkopplungen Garant der Homöostase (oder des Gleichgewichts) der Gruppe und mithin ihrer Stabilität sein. Sie können aber auch im antihomöostatischen Sinne wirken, das heißt Veränderungen begünstigen und so Stabilität und Gleichgewicht der Gruppe gefährden. In der Regel gelangen interpersonale Systeme vom Augenblick ihrer Formierung an über eine Reihe erster Versuche und Irrtümer zum Gleichgewicht. Zeitlich parallel zu diesen Versuchen und Irrtümern erfolgt die genaue Festlegung der Beziehungsregeln auf der Grundlage eines in hohem Maße redundanten, also repetitiven Systems von Informationen[14]. Die Tendenz zur Homöostase und die Fähigkeit zur Transformation (die ihrerseits auf der Fähigkeit beruht, positive Rückkopplungen aufzunehmen und zu assimilieren) sind zwei unabdingbare Kennzeichen des gesunden interpersonalen Systems. Die Fähigkeit zur Entwicklung und Entfaltung gewährleistet die Vitalität des Systems.

In pathologischen Systemen wird dagegen die Tendenz zur zwanghaften Wiederholung früherer Lösungen im Sinne der Homöostase immer stärker; wenn Lösungen ursprünglich durch »Versuch und Irrtum« gefunden worden sind, dann führt dies dazu, daß die gleichen Verhaltensweisen in ähnlichen Situationen wiederholt werden. Das zeigt sich ganz deutlich auf dem Gebiet der familialen Pathologie: Familien mit einem anorektischen oder schizophrenen Mitglied » . . . sind durch besonders starre Regeln und beständig wiederholte Verhaltensweisen (Redundanzen) gekennzeichnet; sie entsprechen daher einem mechanischen und streng programmierten kybernetischen Modell.«[15]

Auch die Schulklasse kann nach diesem Modell funktionieren. Es läßt sich zunächst die Hypothese aufstellen, daß Klassen mit stark verhaltensgestörten Schülern starr zur Homöostase neigen. So läßt sich erklären, warum jeder Versuch einer Lösung der Schwierigkeiten durch gezielte Maßnahmen bei den als pathologisch bezeichneten Mitgliedern mißlingen muß. Tatsächlich ist nämlich in Systemen mit homöostatischer Tendenz die »Pathologie« bestimmter Mitglieder die unabdingbare Voraussetzung für das Weiterbestehen des Gleichgewichts, und das System in seiner Gesamtheit reagiert sofort und sehr nachhaltig auf jeden von innen oder von außen kommenden Versuch, der die Veränderung seiner Organisation androht. In der Schule kann das, was wir beispielhaft für die Klasse gesagt haben, auch für größere Systeme und sogar für die gesamte institutionelle Organisation Gültigkeit haben.

11
Die Definition der Beziehung

In jeder Situation, in der Kommunikation stattfindet, werden von einer oder auch von mehreren der interagierenden Personen über die inhaltlichen Mitteilungen hinaus auch Botschaften weitergegeben, die die Definition der zwischen ihnen bestehenden Beziehung betreffen. Jede Kommunikation und damit jedes Verhalten einem anderen Menschen gegenüber impliziert zugleich eine Definition der Beziehung zwischen den Beteiligten[16]. So ist etwa in der an B gerichteten Aussage von A: »Wir gehen jetzt nach Hause« neben dem inhaltlichen Aspekt auch ein Aspekt des Befehlens oder Anempfehlens enthalten, mit dem A seine Beziehung zu B in einer bestimmten Weise definieren möchte. Der Empfänger B nimmt dies als Äußerung darüber wahr, wie A sich und denjenigen, der mit ihm interagiert, definiert – eine Definition, die etwa so lauten könnte: »Ich bin derjenige, der die Entscheidungen trifft.« An diesem Punkt hat der Empfänger B drei Möglichkeiten: Er kann die Definition der Beziehung akzeptieren und definiert damit zugleich sich selbst als den, »der es hinnimmt, daß du entscheidest« (Bestätigung); oder er versucht eine Neudefinition der Beziehung, mit der er anzeigt, daß er nicht die untergeordnete Rolle einnehmen möchte, und antwortet deshalb: »Wir bleiben hier« (Weigerung); oder aber er ignoriert die Worte von A und verhält sich so, als ob der andere ihm gegenüber nicht vorhanden sei (Nichtbestätigung). Im Fall der Neudefinition der Beziehung, wenn B sich also weigert, ist A zur Rückkopplung gezwungen. Das kann in verschiedener Weise geschehen:
– Er kann gebieterisch von neuem erklären, daß man nach Hause geht. Damit definiert er sich selbst als den, »der entscheidet, auch wenn du nicht meiner Meinung bist«;
– er kann dableiben und damit die Neudefinition akzeptieren, die B von sich als demjenigen gibt, der die Entscheidungen trifft;
– er kann sich auf den Weg nach Hause machen; damit tut er den Einspruch von B als unerheblich ab und definiert so den anderen als nicht vorhanden: »Du zählst nicht für mich, dich gibt es nicht.«
Ferner kann er sich in einer Art Metakommunikation äußern, indem er etwa sagt, daß der Gang nach Hause sehr dringlich sei.
Die unzähligen Transaktionen (Beziehungsmuster), mit denen wir Menschen im Laufe eines einzigen Tages befaßt sind, machen die fortgesetzte Definition und Neudefinition von Beziehungen erforderlich: Wer hat hier

den Vortritt? Wer öffnet die Tür? Wer hat das letzte Wort? Wer übernimmt eine lästige Aufgabe? Wer ergreift die Initiative? Diese und ähnliche Fragen, die wir uns täglich viele Male bewußt oder weniger bewußt stellen, betreffen sämtlich die Definition der jeweils zwischen den Beteiligten bestehenden Beziehung. Funktionalität und Dysfunktionalität des menschlichen Miteinander hängen ausschließlich von der Definition der Beziehung ab.

In der Beziehung zwischen zwei oder mehreren Personen können bekanntlich die jeweiligen Positionen komplementär oder symmetrisch sein. Komplementäre Beziehungen können flexibel sein: Das ist dann der Fall, wenn die Definition der Beziehung einmal von diesem, ein anderes Mal von einem anderen oder von allen übrigen Teilnehmern zusammen festgelegt wird. Komplementäre Beziehungen können aber auch starr sein: Das ist der Fall, wenn die Definition stets von der gleichen Person diktiert wird. Die Gefahr der Schismogenese[17] besteht dann insofern, als die übermäßige Effizienz des einen Beteiligten immer stärker zur Ineffizienz des oder der anderen führt, bis die Beziehung nicht mehr aufrechtzuhalten ist. Wenn sich dagegen schon in der Definition der Beziehung zeigt, daß eine Rivalität besteht und *eskaliert* (Symmetrie), dann wiederholt jeder der Beteiligten ständig seine eigene Definition und lehnt die des oder der anderen ab. Damit ist der Fortbestand der Beziehung gefährdet. Je nach dem Kontext kann die Definition der Beziehung sehr weit oder sehr eng gefaßt sein. In der ehelichen Beziehung wird man am ehesten flexible und komplementäre Positionen anstreben; das gleiche gilt für die Peergruppe, die mit einer gemeinsamen Arbeit befaßt ist. Umgekehrt wird es in einem präzisen Kontext, in dem die Kompetenz eines der Beteiligten unbestritten ist – etwa in einem Operationssaal – keinen Zweifel daran geben, daß es der Chirurg ist, der die Definition der Beziehung diktiert: »*Wie* bei der Operation vorgegangen wird, bestimme *ich*.« Der Psychologe in der Institution Schule hat selbstverständlich nicht die gleiche fraglos hingenommene Kompetenz gegenüber dem Patienten wie der Chirurg. Wenn der Psychologe aber Veränderungen bewirken will und soll, dann obliegt es zweifellos ihm, als erster die Beziehung zu definieren und dafür zu sorgen, daß seine Definition akzeptiert wird (dabei darf er natürlich schon im eigenen Interesse nicht arrogant und überheblich vorgehen, sondern sollte zu verstehen geben, daß er ohne die Mithilfe der anderen nichts tun kann).

Wenn der Psychologe dagegen den Kontakt mit den Vertretern der Institution Schule aufnimmt, ohne vorher bedacht zu haben, wie er seine Beziehung zum Schulleiter, zu den Lehrern usw. definieren könnte, dann geht er das große Risiko ein, *daß diese anderen ihrerseits ihre Beziehung zu ihm definieren und daß ihm nichts anderes übrig bleibt, als sich passiv dieser Definition zu beugen.* Wir wollen einen solchen Fall hier näher betrachten.

Ein Klassenrat unterbreitet dem Psychologen das Problem der schwachen schulischen Leistungen einer ganzen Klasse. An den Psychologen, der sich allein durch seinen Titel qualifiziert, werden die unterschiedlichsten Erwartungen herangetragen: Der eine will den problemlösenden Ratschlag, der andere erwartet, daß der Psychologe sich näher mit der Unreife der Schüler befaßt, der dritte bittet um Angabe von Literatur, um sich didaktisch weiterzubilden usw. In diesem Fall sind die unterschiedlichen Erwartungen der einzelnen Lehrer alle auf der gleichen Linie angesiedelt: Sie glauben alle an die magischen Kräfte des Psychologen. Welche Entscheidung dieser auch treffen wird, er wird notwendig jene Lehrer enttäuschen, die etwas anderes von ihm erwartet haben.

Aber selbst wenn die Lehrer alle die gleichen Erwartungen haben, besteht die Gefahr, daß andere die Rolle des Psychologen definieren und er im Grunde vom System als Stabilisator des Status quo eingesetzt wird. Das wird immer der Fall sein, wenn er sich bereit erklärt, durch sein Eingreifen einen Spannungsfaktor zu beseitigen, der das Überleben eines Systems bedroht. Damit fügt er sich nämlich den Wünschen des Systems, ohne eine systembezogene Betrachtung der Situation vorgenommen zu haben, und folglich unterläßt er es, eine autonome Strategie für seine Intervention zu entwickeln. Im günstigsten Fall unterstützt der Psychologe dann eine Veränderung erster Ordnung, das heißt, er hilft der Gruppe, sich nicht zu verändern, und befreit sie von der unangenehmen Störung, die ihre Homöostase bedroht hat. Im ungünstigsten Fall steht er als Verlierer da und sieht sich disqualifiziert, denn er ist den Lehrern und ihrer Anfrage ins Netz gegangen und hat es nicht verstanden, ein Problem anzugehen und zu lösen, das ihm falsch dargestellt worden war oder das in dieser Form als Problem überhaupt nicht dargelegt werden konnte.

Die erste Aufgabe des Schulpsychologen besteht also darin, daß er gleich zu Beginn die Beziehung definiert: Er muß seine eigene Rolle definieren, seine Kompetenzen und Möglichkeiten erläutern, den Bereich spezifizieren, innerhalb dessen er tätig werden will, und auch deutlich erklären, was er nicht tun kann und nicht tun will.

Die zweite Aufgabe besteht dann darin, die Modalitäten der zukünftigen Kommunikation festzulegen. Mit anderen Worten, der Psychologe muß dafür sorgen, daß seine Gesprächspartner die Definition, die er von sich selbst in seinem Verhältnis zu den Vertretern der Schule gibt, richtig aufnehmen, und daß diese Definition unverändert erhalten bleibt.

12
Der Kontext und seine Ausprägung

Jeder Mensch verhält sich so, wie es die Umgebung, in der er sich gerade befindet, und die Menschen, mit denen er interagiert, erfordern. Daraus folgt, daß ein Verhalten, das in einer bestimmten Situation angemessen ist, sich in einer anderen als unpassend oder wirkungslos erweisen kann. Die Kommunikationswissenschaftler benutzen den Ausdruck »Kontext«, um den Umkreis von interaktiven Situationen zu beschreiben. Die interaktive Situation, in der eine »Botschaft« ausgesandt wird, muß als der Kontext betrachtet werden, der den Inhalt dieser Botschaft spezifiziert. Der gleiche Inhalt kann daher je nach dem Charakter oder der »Prägung«[18] des Kontextes in seiner Bedeutung variieren.

In jeder Situation sind darüber hinaus gewisse soziale und interpersonale Beschränkungen (Regeln) impliziert, die das Repertoire der möglichen Bedeutungen begrenzen und bis zu einem gewissen Punkt bestimmen. Der Kontext verleiht jeder Kommunikation erst Sinn. Aus dem Kontext beziehen die Botschaften ihre Bedeutung, besser gesagt, die Bedeutung einer jeden Kommunikation ergibt sich aus der kontextuellen Matrix, in der diese ihren Ort hat und die sie zugleich bestimmt: »Worte, Sätze, Erklärungen und Verhaltensweisen nehmen Bedeutung im Zusammenhang mit der Situation an, in der sie beobachtet werden, das heißt im Zusammenhang mit jenen ganz speziellen Umständen, die zu einem bestimmten Zeitpunkt einen Menschen umgeben und sein Verhalten beeinflussen.«[19]

An dieser Stelle müssen wir gestehen, auch wenn unser Geständnis unglaubwürdig klingt, daß unsere gesamte Forschungsgruppe einschließlich der Leiterin länger als ein Jahr brauchte, um sich darüber klar zu werden, daß sie ein grundlegendes Problem bisher überhaupt nicht gesehen und mithin aus ihren Bemühungen augeklammert hatte: eben die Frage nach dem Kontext, in dem jeder sich bei seinen Interaktionen im jeweiligen Wirkungsbereich wiederholt »befunden« hatte. Jetzt bestand Einigkeit darüber, daß entsprechende Untersuchungen dringend notwendig seien, selbst wenn sie sich angesichts der außerordentlichen Komplexität des Gegenstandes auf die augenfälligsten Aspekte würden beschränken müssen. Am Ende würde dann der Versuch stehen müssen, die eigentliche Frage zu beantworten: Wie ist der Kontext überhaupt zu definieren, der sich für die Intervention des Psychologen vor dem Hintergrund seiner

Interaktion mit den Vertretern der Schule am besten eignet? Wie läßt er sich prägen und strukturieren? Und wie kann man verhindern, daß er anschließend gewissermaßen abgleitet und andere Ausprägungen erfährt (was um so gefährlicher ist, je unmerklicher es geschieht)?
Als besonders ungeeignet für die Arbeit in größeren Systemen erwiesen sich drei Kontexte[20], in welchen sich alle Mitglieder der Gruppe »mit ihren Interaktionen bereits befunden hatten«:
— der Kontext der wertenden und richtenden Beurteilung
— der therapeutische Kontext
— der Kontext der pädagogischen Beratung.
Wir wollen nun im einzelnen darlegen, wie diese Erkenntnisse zustande kamen und welche Richtlinien sich daraus für das weitere Vorgehen ergaben.
Für unergiebig hielt die Gruppe einstimmig den Kontext der wertenden und richtenden Beurteilung. Dieser Kontext ist typisch für den Klassenrat, der in der Regel den Psychologen ruft, damit dieser entweder den Fall eines Schülers untersucht, dessen Verhalten dem reibungslosen Ablauf des Unterrichts entgegensteht, oder aber bei der Notenkonferenz am Ende des Schuljahres über eine eventuelle Nichtversetzung entscheidet.
In diesen Fällen erwartet man, daß der Psychologe ein Urteil spricht, und seine Situation gleicht der des Richters in der Verhandlung, dem Anklage und Verteidigung gleichermaßen zusetzen (nur daß in unserem Fall der Angeklagte fehlt, der seine Unschuld beteuert . . .!).
Daß die Gruppe den Kontext der wertenden und richtenden Beurteilung als ungeeignet erachtete, hatte seinen Grund nicht in der Überlegung, daß die Pflichtschule per definitionem nicht Außenseiter schaffen und Schüler »hängen lassen« kann, und auch nicht in dem eher moralisch begründeten Vorsatz, den alten Brauch des Abschiebens der Verantwortung auf andere nicht noch zu unterstützen. Diese Sicht der Dinge entsprang vielmehr der Überzeugung, daß jede Maßnahme des Psychologen vor diesem Hintergrund fruchtlos bleiben muß. Die Erfahrung hatte gezeigt, daß sich — wie immer der Spruch des Psychologen lautete — im Spiel des Systems nichts oder höchstens in *einer* Hinsicht etwas änderte: Die Lehrer hatten jemanden gefunden, zu dem sie in gewissen Abständen kommen konnten, um sich von einer Verantwortung zu befreien und letzten Endes den Status quo zu erhalten.
Auch im Hinblick auf die Lehrer wurde der Kontext der wertenden und richtenden Beurteilung und — in diesem Fall — der »Anklage« verworfen: Man war sich darüber einig, daß der Psychologe es vermeiden müsse, als ihr Ankläger und Kritiker aufzutreten. Damit wird zugleich vermieden, daß ein Gesetz Geltung erlangt, das diesem Kontext innewohnt: das

Gesetz, daß derjenige, der verhört, ganz andere Zwecke verfolgt als derjenige, der verhört wird. Dem einen geht es um »Aufdecken«, dem anderen um »Irremachen, Verbergen, Leugnen« — eine äußerst undankbare Situation.

Als weit schwieriger erwiesen sich die Bemühungen um eine einstimmige Beurteilung des »therapeutischen Kontextes« (im Sinne einer therapeutischen Maßnahme zugunsten der betroffenen Schüler). Aufgrund der Erfahrungen, die in der Vergangenheit bereits mit diesem Kontext gemacht worden waren, kam man dann allerdings zu dem Schluß, daß auch vor diesem Hintergrund eine Intervention des Psychologen bestenfalls die Verstärkung des »systemischen Spiels« zum Ergebnis hat:

Wenn ein »schwieriger« Schüler vom Schulpsychologen in Behandlung genommen wird, dann ist nämlich nur eines völlig sicher: Wer ihn hergeschickt, also dem Spezialisten überantwortet hat, der kann in der Klasse und in der Schule so weiterarbeiten wie bisher, ohne sein eigenes Verhalten überdenken zu müssen. Wenn nach dem linearen Modell vorgegangen wird, ist das vielleicht vertretbar; bei einer systembezogenen Sicht der Dinge ist es dagegen nicht zu vertreten, weil damit implizit eine Bestätigung der augenblicklichen Organisation des Systems verbunden wäre. Es kommt noch hinzu, daß individualtherapeutische Maßnahmen in der Schule praktisch gar nicht durchführbar sind, weil der Psychologe hier gewissen Beschränkungen zeitlicher und vertraglicher Art unterliegt und der Schüler-»Klient« sich gegenüber einem als Therapeuten auftretenden Psychologen in einer unhaltbaren Position befinden würde.

Schließlich gelangte die Forschungsgruppe zu der Überlegung, daß für die Tätigkeit des Psychologen auch der *Kontext der pädagogischen Beratung* nicht geeignet sei, daß sich dagegen möglicherweise aber ein Kontext als geeignet erweisen könnte, den man als *Kontext der Kooperation oder des runden Tischs* bezeichnete. Nachdem einmal feststand, daß der »Klient« derjenige ist, der das Problem hat und der sich in dieser Eigenschaft an den Psychologen wendet, wurde auch klar, daß das Hauptaugenmerk des Psychologen auf die Probleme der Vertreter der Schule gerichtet sein mußte, auf Probleme also, die in der Hauptsache dem pädagogisch-didaktischen Bereich angehören und mit der erzieherischen Funktion der Vertreter der Institution zu tun haben.

Aber sollte der Psychologe sich direkt mit dem *Inhalt* dieser Probleme befassen? Enttäuschende Erfahrungen einiger Gruppenmitglieder hatten bereits deutlich gemacht, daß es gefährlich ist, in inhaltliche Fragen hineinzuschlittern, auch wenn dies unbewußt geschieht. Es besteht dann nämlich die Gefahr, daß zwischen dem Psychologen und den Lehrern Rivalität aufkommt und der Psychologe letztlich zu erkennen gibt, er

werde dem Lehrer schon zeigen, wie er lehren müsse[21]. Der Psychologe, der sich — absichtlich oder unabsichtlich — in methodische und didaktische Probleme verwickeln läßt, übernimmt damit Aufgaben und Pflichten, die dem pädagogischen Bereich angehören. Die Gruppe war sich dieser Zusammenhänge bewußt und erzielte so Einigkeit in bezug auf die folgenden Punkte:
— Der spezifische Wirkungsbereich des Schulpsychologen liegt in der Schaffung und Förderung funktionaler Kommunikationen;
— sein Zusammenwirken mit den Vertretern der Schule richtet sich im wesentlichen auf die transaktionalen Aspekte und erst in zweiter Linie auf die inhaltlichen;
— er muß es vermeiden, Kontexte zu schaffen oder zu akzeptieren, die per definitionem dysfunktional sind — siehe die weiter oben bereits beschriebenen;
— er muß der Funktionalität der Kommunikationen den Vorrang geben: Dazu gehört, daß er zunächst sich selbst und seine Beziehung zu seinen Gesprächspartnern deutlich definiert und die Grenzen seiner Möglichkeiten und Fähigkeiten, die zur Lösung von Problemen beitragen sollen, absteckt.

Daß die Gruppe den »Kontext der Zusammenarbeit oder des runden Tisches« am ehesten für die Tätigkeit des Schulpsychologen geeignet hielt, ging auf wiederholte Erfahrungen der Mitglieder zurück: Sie hatten festgestellt, daß der Psychologe häufig, ohne es zu wollen, verdeckte oder offene Rivalitäten zwischen den Vertretern der Schule entfesselte oder »symmetrisch« auf Provokationen anderer einging. Wenn wir den Kontext ganz allgemein definieren als »eine präzise Situation in Verbindung mit einem ganz bestimmten Ziel oder Zweck und einer bestimmten Rollenverteilung«[22], dann läßt sich der gewählte Kontext als derjenige bestimmen, der am ehesten geeignet ist, Dysfunktionen der Kommunikation zu *verhindern*. Nachdem das anstehende Problem deutlich ausgesprochen worden ist, finden sich eine Anzahl von Menschen zusammen, die *übereinstimmende* Ziele verfolgen: Sie wollen zunächst die eigene Meinung zum Ausdruck bringen und die der anderen aufmerksam anhören, um sodann die verschiedenen Erfahrungen einander gegenüberzustellen und zu diskutieren mit dem Ziel, gemeinsam zur Lösung des vorgestellten Problems beizutragen. Die Diskussion macht zwar durchaus Unterschiede deutlich, aber sie setzt doch eine Grundeinstellung voraus, die gewährleistet, daß die größte Aufmerksamkeit immer dem anstehenden Problem gilt. Der Psychologe, der eingangs seine Rolle als die eines an der Bewältigung des Problems Beteiligten definiert, der auf die Informationen und die Sachkenntnis der übrigen Beteiligten angewiesen ist, definiert implizit die Vertreter der Schule als seinesgleichen, wenn er sie bittet, sich – jeder mit seiner Erfahrung und Kenntnis der Dinge – mit ihm für die gemeinsame Sache zu verbünden. Wenn es ihm gelungen ist, einen »kooperativen« Kontext zu schaffen, dann hat er einen großen Schritt in Richtung auf ein klares Verhältnis zwischen sich und den Lehrern getan; er muß allerdings dafür sorgen, daß die erreichte Klarheit in diesem Zusammenhang nicht wieder schwindet. Der Versuch des einen oder anderen Gesprächspartners, die Karten zu vertauschen und damit wieder zu einem Kontext zu gelangen, der sich von dem verkündeten und allseits akzeptierten unterscheidet, könnte den Psychologen in die gefährliche Situation bringen, wie sie etwa im folgenden beschrieben ist:

»Ein festgelegter Kontext sollte in aller Regel bei den Kommunikanten Dispositionen, Ziele und Erwartungen wecken, die der kontextuellen Situation entsprechen. Häufig ist das aber gar nicht der Fall. Man kann beobachten, daß ein bestimmter kommunikativer Kontext zwar implizit vorausgesetzt, dann aber (von einigen oder von allen Beteiligten) als ein vollkommen anderer Kontext erfahren wird. Die Andersartigkeit der Kommunikationsabläufe, die Irrelevanz, die Fragmentierung und die Konfusion der Bedeutungen sind um so schwerwiegender, je weniger man sich der eingetretenen Veränderung oder Diskrepanz des Kontextes bewußt ist. Typisches Merkmal jedes Kontextes ist, daß er implizit oder explizit bestimmte Beziehungsregeln setzt. Wenn also der Kontext sich wandelt, dann wandeln sich auch die Regeln, die ihm eigen sind. Man kann diesen Vorgang als Abrutschen oder Abgleiten des Kontextes bezeichnen«[23].

In der Schule kann es vorkommen, daß der Psychologe den von ihm gewollten Kontext als kooperativ im soeben erläuterten Sinne definiert hat, daß aber seine Gesprächspartner insgesamt oder doch einige von ihnen eine andere Prägung des Kontextes anstreben: Sie wollen den therapeutischen Kontext, den Kontext der wertenden und richtenden Beurteilung, den der pädagogischen Beratung oder noch einen anderen. Die Vermischung der Bedeutungen tut rasch ihre Wirkung, wie das eben angeführte Zitat zeigt. Das zwingt den Psychologen, diesem Abgleiten des Kontextes entgegenzutreten, indem er erneut die von ihm gewünschte Prägung des Kontextes vorschlägt. Der klassische Fall tritt ein, daß nun die Schlacht um den Sieg der jeweiligen Definition der Beziehung wichtiger wird als das anstehende Problem, das einen anderen Stellenwert erhält und nur noch als Vorwand dient. Was sollte der Psychologe in diesem Fall tun? Er muß ein kommunikatives Verhalten in diesen circulus vitiosus einbringen, das sich nicht »*regenerativ*«, sondern »*degenerativ*« auswirkt. Was heißt das? Nach Bateson ist ein *regenerativer* Zirkel bzw. ein circulus vitiosus eine retroaktive Kette von Variablen der folgenden Art: Eine Vergrößerung in A verursacht eine Vergrößerung in B; eine Vergrößerung in B verursacht eine Vergrößerung in C; eine Vergrößerung in N verursacht eine Vergrößerung in A.

Ein »*degenerativer*« oder »autokorrektiver« Zirkel unterscheidet sich vom »*regenerativen*« insofern, als er zumindest einen Schritt der Art »Vergrößerung in N verursacht Verminderung in M« enthält. Das bedeutet, daß die »*degenerative*« Wirkung auf einen circulus vitiosus auch dann erfolgt, wenn nur ein einziger Schritt der systemischen Kette abgeändert wird.

Wenn im konkreten Fall ein circulus vitiosus entsteht, der durch das Anwachsen der Rivalität zwischen den Gesprächspartnern gekennzeichnet ist, muß der Psychologe im richtigen Augenblick mit einer Verminderung dieser Rivalität von seiner Seite auf die Vergrößerung der Rivalität von seiten eines interagierenden Beteiligten antworten und so das symmetrische Anwachsen der Rivalität blockieren.

Eine weitere taktische Maßnahme, einen circulus vitiosus zu korrigieren, besteht darin, eine Art Stillhaltepause zu verhängen; und zwar wird dann darum gebeten, das bisher Gesagte zu wiederholen und zu vertiefen, so daß der gesamte Kreislauf eine zeitliche Verlängerung erfährt. Eine solche Pause wirkt insofern korrigierend auf die *kumulative Interaktion*, als innerhalb dieser bekanntlich die Aufmerksamkeit auf den Nullpunkt sinkt (niemand hört dem anderen wirklich zu).

Andere »*degenerative*« Taktiken können humoristischer Art sein, sie können auch darin bestehen, daß die Abfolge der einzelnen Maßnahmen geändert oder eine vorübergehende Unterbrechung vorgeschlagen wird.

Dagegen hielt die Gruppe Metakommunikation über die Vorgänge für gefährlich und mithin aus der Sicht des Psychologen für »regenerativ«, denn diese Metakommunikation impliziert ein gewisses Gefühl der Überlegenheit der eigenen Person, das durchaus im Einklang mit der Eskalation steht, die im systemischen Kreislauf in Gang ist.

Die Gruppe konnte darüber hinaus die Beobachtung machen, daß durch die frühe und deutliche Kennzeichnung des Kontextes als »kooperativ« es dem Psychologen ermöglicht wurde, weitgehend das Abgleiten in ungeeignete andere Kontexte zu vermeiden und die Situation unter seine Kontrolle zu bringen.

13
Neuformulierung des Konzepts der Manipulation

Ein Problem, mit dem sich die Gruppe immer wieder auseinandersetzen mußte, betraf die Rivalität, die sehr häufig zwischen dem Psychologen und den Lehrern entstand. Das sah konkret folgendermaßen aus: Der Psychologe war bemüht, die ihm geschilderte Situation in Ordnung zu bringen, aber der Lehrer arbeitete nicht mit ihm zusammen, sondern setzte den Lösungsversuchen des Psychologen sogar Hindernisse entgegen. Die Aussicht, daß diese Rivalität eskalieren könnte, beschnitt die Hoffnungen auf eine Veränderung sehr nachhaltig. Die Diskussion über eine Reihe fehlgeschlagener Interventionen veranlaßte die Gruppe, darüber nachzudenken, wie der Psychologe verhindern könnte, daß es zwischen ihm und den Lehrern überhaupt zu einer fruchtlosen Rivalität kam. Das Ergebnis sah folgendermaßen aus: Der Psychologe sollte die »Taktik« verfolgen, sich bescheiden und frei von professioneller Arroganz zu geben und erkennen zu lassen, daß er wisse, wie schwierig die Situation und wie groß die Belastung der Lehrer sei. *Er sollte Zusammenarbeit als einziges Mittel für eine Lösung der Probleme erbitten und anbieten. Auf diese Weise könnte der Psychologe die Beziehung kontrollieren und prädefinieren — gerade weil er sich nicht (und insbesondere nicht auf nonverbale Weise) mit seiner Überlegenheit gebrüstet, sondern zunächst als »auf die Mithilfe der Lehrer angewiesen« definiert hatte.*

An diesem Punkt erwies sich eine begriffliche Neuformulierung als notwendig. Der Ausdruck »Taktik«, der hier möglicherweise unangebracht oder geradezu unannehmbar scheint, ist mit Absicht verwendet worden. Der Ausdruck »Manipulation« bedarf einer Klärung.

Zuallererst müssen wir uns fragen, ob der Psychologe bei seinen taktischen Maßnahmen innerhalb eines Systems, die ihm günstige Arbeitsbedingungen erst ermöglichen sollen, manipuliert oder nicht. Um diese Frage beantworten zu können, sollten wir einige Überlegungen anstellen.

Wir wissen aus der Kommunikationswissenschaft, daß »es unmöglich ist, nicht zu kommunizieren«[24]; daß kein wie auch immer geartetes Verhalten, das der Vermeidung von Kommunikation dienen soll, seinen Zweck erreichen kann, weil »es unmöglich ist, sich nicht zu verhalten«, *Verhalten ist immer Kommunikation.*

Aber Kommunikation bedeutet unweigerlich eine Beeinflussung des Verhaltens anderer: Sie besteht ja im Aussenden von Botschaften, und dem »Gesprächs«partner ist es nicht möglich, darauf nicht zu reagieren. Jede

Kommunikation verändert unsere Persönlichkeit, beeinflußt uns, zwingt uns zur Stellungnahme. Auch das »So tun, als wäre nichts gewesen« ist eine Antwort auf eine Kommunikation (und übrigens eine sehr weitgehend strukturierte Antwort). Es ist also unmöglich, *nicht* Einfluß auszuüben und *nicht* zu manipulieren. Zu dieser Überzeugung gelangt man lange, bevor man sich mit der Frage des taktischen Vorgehens befaßt.
Innerhalb des linear-kausalen Denkens der Aristotelischen Tradition werden Manipulation und Beeinflussung in moralistischer Weise negativ bewertet, und zwar aufgrund der irrigen Annahme, daß es möglich sei, nicht zu manipulieren. Wenn wir aber diese linear angelegte Begriffswelt sprengen und uns dem kreisförmigen Modell zuwenden, das auf dem Grundsatz der Rückkopplung fußt, dann verlieren die Ausdrücke »Beeinflussung« und »Manipulation« ihre zunächst negative Bewertung, sie dienen nur als beschreibende Begriffe. Wenn jedes Verhalten eine Kommunikation ist, die unweigerlich das Verhalten anderer beeinflußt (pragmatischer Effekt), dann folgt daraus, daß alle unsere Handlungen manipulativ sind. Unsere Kommunikation ist letzten Endes ein Akt der Manipulation. Entscheidend ist in diesem Zusammenhang, daß wir uns häufig dieser Tatsache überhaupt nicht bewußt sind.
Das taktische Moment liegt also darin, *daß man sich der manipulativen Aktion und damit der Wirkung, die man erreichen will, rational bewußt ist*. Ein Psychologe, der im Gespräch mit dem Schulleiter zu erkennen gibt, daß er »Bescheid weiß«, kommuniziert auf diese Weise, und mithin manipuliert er sein Gegenüber. Es ist kaum anzunehmen, daß er sich dieser Handlung nicht bewußt ist (und in diesem Fall auch nicht erkennen würde, daß er gerade das Falsche tut, nämlich der angestrebten Veränderung entgegenarbeitet). Es ist also nicht das Geringste daran auszusetzen, wenn der Psychologe bescheiden auftritt und anzeigt, daß er die Schwierigkeiten sehr wohl sieht und zur Zusammenarbeit mit den Lehrern bereit ist. Mit dieser Taktik strebt er bestimmte Wirkungen und letzten Endes einen kooperativen und damit funktionalen Kontext an.
Eine so beträchtliche Verschiebung des Blickwinkels fällt niemandem leicht: Seit dem Beginn unserer gemeinsamen Arbeit ist die Forderung nach dieser Verschiebung, obwohl sie von der Gruppe theoretisch akzeptiert worden war, immer wieder auf starken Widerstand gestoßen, so daß sie immer wieder neu erarbeitet werden mußte.

III
**Formen der Intervention:
Versuch und Verwirklichung**

Wie schon erwähnt, mußte unsere Forschungsgruppe allmählich erkennen, daß die Interventionsstrategien, die sich in der Arbeit mit Familien als wirksam erwiesen hatten, nicht ohne weiteres auf andere Arbeitsbereiche übertragbar waren. Mit der Zeit und vor dem Hintergrund neuer Erfahrungen wurde deutlich, wo die Grenzen der neuen Errungenschaften auf dem Gebiet der Familientherapie lagen und welche Abstriche von diesen Errungenschaften notwendig waren, die man zunächst ungeprüft in Bausch und Bogen auch auf den schulischen Bereich hatte anwenden wollen. In diesem Kapitel wollen wir Formen der versuchten Intervention aufzeigen, die in der Mehrzahl dem Vorbild familientherapeutischer Maßnahmen folgen. Der Leser wird dabei viele Mängel entdecken; immerhin vermittelten diese Versuche der Gruppe einen ersten Überblick darüber, unter welchen Aspekten und mit welchen Motiven bestimmte familientherapeutisch bewährte Maßnahmen sich auf den Bereich der schulpsychologischen Versorgung überhaupt anwenden lassen würden. Dabei fand auch die ganz besondere Stellung des Schulpsychologen Berücksichtigung.

14
Die Ausdehnung des Beobachtungsfeldes

Gemäß dem systemtheoretischen Ansatz überlegte die Gruppe zunächst für jeden Fall, mit dem sie sich zu beschäftigen hatte, ob eine Erweiterung des Beobachtungsfeldes notwendig sei. Die Interaktion zwischen den an einer schwierigen Situation beteiligten Personen wurde im Rahmen eines sehr viel weiteren Geflechts von Beziehungen betrachtet, die, selbst wenn sie nicht unmittelbar zu erkennen waren, dennoch in dieser Interaktion einen sehr nachhaltigen und gelegentlich unerwarteten und verblüffenden Einfluß ausübten. Es erwies sich beispielsweise als sehr lehrreich und nützlich, einen Konflikt zwischen zwei Lehrern in das Geflecht ihrer Beziehungen zu den verschiedenen Kollegen des Klassenrats zu setzen und den Kontext der Beobachtung vom einzelnen Schüler auf die ganze Klasse, von der Schule auf die Familie und umgekehrt auszudehnen.

Im Zusammenhang mit der Ausdehnung des Beobachtungsfeldes auf die Familie wurde ein Phänomen ganz deutlich, das von unserer Kultur inzwischen akzeptiert ist und seinen festen Platz in ihr hat: der Umstand, daß sich immer nur die Mutter zu den Gesprächen mit den Lehrern oder dem Schulpsychologen einfindet[1].

Die Gruppe beschloß daher, in Zukunft zu Besprechungen jeweils beide Eltern und im Idealfall die ganze Familie einzuladen. Dieses Vorhaben erwies sich allerdings als kaum durchführbar, einmal wegen der tief verwurzelten Rollengegensätze, auf die wir oben schon hingewiesen haben, zum anderen wegen des überall anzutreffenden vagen Gefühls von Mißtrauen gegenüber dem Psychologen. So mußte man eine ganze Reihe von Mißerfolgen hinnehmen. In den Fällen, in denen es gelang, beide Eltern oder die ganze Familie gemeinsam zu sprechen, erbrachte das Gespräch dagegen eine Vielzahl von Informationen, die für die Planung und Durchführung der Maßnahmen ganz unerläßlich waren. Wir wollen eines der besonders demonstrativen Beispiele hier anführen.

Eine Lehrerin der ersten Grundschulklasse meldete dem Schulpsychologen einen ihrer Schüler als unerträglichen ständigen Störenfried und bat um die Überstellung des Jungen in eine besondere Einrichtung, wo er sich vielleicht »fangen« könnte. Der Psychologe, der den üblichen Weg der »klinischen« Untersuchung nicht gehen wollte, verfuhr folgendermaßen:

Zunächst begab er sich in die Klasse, angeblich, um die Lehrerin um einige weitere Informationen zu bitten, in Wahrheit aber, um die Art und

Weise der Kommunikationen in dieser Klasse näher zu betrachten. Er stellte fest, daß die Lehrerin durch ihre endlosen Ermahnungen das Verhalten des Störenfrieds noch verstärkte, während seine Kameraden ihm ständig ihre Aufmerksamkeit zuwandten, was ihn erst recht zu seinen Späßen und Streichen anregte (Bühneneffekt). Der störende Schüler, ein untersetzter und robuster Junge, schien sich in seiner Rolle als Clown recht wohl zu fühlen.

Mit dieser Feststellung hatte der Psychologe bereits einen ersten Schritt auf die Erweiterung des Kontextes hin getan: Er hatte die Interaktion zwischen der Lehrerin und dem störenden Schüler in den größeren Kontext der Interaktion zwischen der Lehrerin, diesem Schüler und der übrigen Klasse gebracht.

Anschließend vollzog er einen weiteren entscheidenden Schritt, indem er die Eltern des Schülers zu einem Gespräch einlud und sie bat, ihren Sohn mitzubringen.

Bei diesem Gespräch machte der Psychologe eine verblüffende Feststellung. Im familialen Kontext zeigte der Junge ein vollkommen anderes Verhalten! Er saß zusammengesunken auf seinem Stuhl, bewegte sich während des ganzen Gesprächs kein einziges Mal und machte einen gehemmten und niedergeschlagenen Eindruck. Es stellte sich heraus, daß er in der Familie als anfällig und kränklich galt (dieser Eindruck war vor langer Zeit entstanden, weil das Abstillen des Kindes mit Schwierigkeiten verbunden gewesen war) und daß die Eltern, obwohl ihr Sohn nach ihren Worten »sehr sportbegeistert« war, ihn vom Spiel im Freien nach Möglichkeit fernhielten. Die Familie war vor mehr als zehn Jahren aus Süditalien gekommen, die Eltern hatten keine finanziellen Sorgen, zeigten aber eine offen feindselige Haltung gegenüber der Schule, weil sie bereits mit ihrer älteren Tochter schlechte Erfahrungen gemacht hatten, die damals auch in eine Sonderklasse versetzt worden war. (»Die Lehrer sind uns nicht wohlgesonnen.«) Aus all diesen Umständen schloß der Psychologe, daß die Schulklasse der Ort war, an dem der Junge sich für seine angebliche physische Schwächlichkeit revanchierte: Hier war er stark und aggressiv und fand eine Plattform für seine Selbstdarstellung. Die feindselige Einstellung der Eltern gegenüber der Schule hatte in dieser Richtung ein übriges getan. Für den Psychologen erwies sich die Ausdehnung des Beobachtungsfeldes (Interaktionen zwischen dem Schüler und der übrigen Klasse, Interaktionen zwischen dem Schüler und seinen Angehörigen, Interaktionen zwischen Elternhaus und Schule) als sehr nützlich. Diese Ausdehnung gestattete es, das Verhalten des Jungen als Symptom der komplexen Dysfunktionalität der Kommunikationen innerhalb verschiedener Subsysteme und zwischen diesen zu betrachten.

Auf diesen Erkenntnissen, die der Forschungsgruppe mitgeteilt und mit ihr diskutiert wurden, baute der Psychologe die anschließende Intervention auf. Er sagte der Familie deutlich, daß die Schule den Jungen nicht ins Abseits stellen, sondern jedes Mittel anwenden wolle, das für seine zufriedenstellende Integration geeignet sei. Bedingung sei allerdings die Mitarbeit der Familie; alle Beteiligten müßten am gleichen Strang ziehen. Daher müsse die Familie sich entschließen, einen kleinen Betrag für private Nachhilfestunden auszugeben, damit der Junge seinen Rückstand in bezug auf den Lehrstoff aufholen könne. Die Nachhilfelehrerin (eine Sonderschulpädagogin, die der Psychologe zur Mitarbeit herangezogen hatte) würde keinesfalls mit der Klassenlehrerin in Konkurrenz treten, sondern ganz entschieden ihre vermittelnde und kooperative Rolle betonen. Die Familie wurde mit einer Art vertraglicher Abmachung zur Mitarbeit gewonnen: Auf eine bestimmte Anzahl von Erfolgsmeldungen, die von der Lehrerin berichtet wurden, sollte der Vater einen Preis aussetzen, der der Sportbegeisterung des Jungen Rechnung trug (Besuch eines Fußballspiels oder Anschaffung von Sportgeräten für den Sohn).
Die Zusammenarbeit war erfolgreich, und der Fall konnte gelöst werden. Es sei noch angemerkt, daß der Psychologe niemals Kritik an den Eltern übte, weder was ihre feindselige Haltung gegenüber der Schule noch was das Märchen von der Anfälligkeit und Kränklichkeit ihres Sohnes betraf.

15
»Heilsverordnungen«

Mit diesem Ausdruck bezeichnen wir wohlgemeinte Empfehlungen und Ratschläge — Empfehlungen also, die der Fachmann gibt, wenn er nicht weiter weiß oder kann. Erbringt ein Schüler schlechte Leistungen, lautet die entsprechende Empfehlung: »Interessiert ihn für die Schule!«; angesichts eines Falles von Nichtanpassung heißt es: »Gebt ihm Verantwortung, seid immer für ihn da!« Wenn eine ganze Schulklasse kein Interesse am Unterricht zeigt, dann wird empfohlen: »Aktiviert den Unterricht, laßt sie Versuche machen« usw. In der Tat haben die Psychologen mit Ratschlägen dieser Art die Schulen geradezu überschwemmt. Aber brauchen wir ausgerechnet Psychologen, wenn es um solche Heilmittel geht? Das Beste, was sich über diese Empfehlungen sagen läßt, die von der Gruppe häufig diskutiert wurden, ist, daß sie nutzlos sind. Sie gleichen der Aufforderung: »Nun seien Sie doch mal fröhlich!« an einen depressiven Patienten, der über sein schlechtes Befinden klagt.

Man darf annehmen, daß der Lehrer angesichts des störenden Verhaltens oder der ungenügenden schulischen Leistungen eines Schülers derartige »Heilsverordnungen« selbst schon versucht hat, denn sie liegen ja auf der Hand. Wenn er aber aus irgendeinem Grund diese Möglichkeit noch nicht erprobt hat, dann werden ihn wohl auch die entsprechenden Empfehlungen des Psychologen nicht dazu bringen, seine Position aufzugeben, für die es vermutlich ganz andere Gründe gibt als die mangelnde Beherrschung der elementaren pädagogischen Grundsätze. Unsere Gruppe wußte aus eigener Erfahrung, was den Schulpsychologen erwartet, wenn er im Anschluß an seine diagnostischen Erhebungen dem Lehrer oder der Familie bestimmte Vorschriften macht: Er riskiert damit, ihnen Schritte vorzuschlagen, die sie bereits ohne Erfolg unternommen haben oder die sie aus den verschiedensten Gründen nicht unternehmen können. Neben der Nutzlosigkeit der »Heilsvorschriften« entdeckte die Gruppe allerdings auch deren relative Unschädlichkeit. Im Gegensatz zur Methode der »negativen Bewertung« wirkte sich die Methode der »Heilsvorschriften« nicht allzu ungünstig auf die Beziehung aus und schuf mithin auch kein Präjudiz in bezug auf spätere und gezieltere Maßnahmen des Psychologen. Sie konnte sich sogar bei der späteren genauen Analyse der Rückkopplung als nützlich erweisen. In einigen Fällen allerdings hatten besonders mißtrauische Lehrer aus den Ratschlägen eine implizite

Kritik an ihrem eigenen Verhalten herausgelesen, und das hatte sich negativ auf die Beziehungen ausgewirkt. In diesen Fällen stimmten die Erfahrungen der Gruppenmitglieder mit den Erfahrungen überein, die die Familientherapeuten gewonnen hatten.

16
Metakommunikation

Metakommunikation bedeutet Kommunikation über die Kommunikation. Jeder von uns übt Metakommunikation, wenn er einen Sachverhalt zum Ausdruck bringt, denn gleichzeitig sendet er eine Botschaft aus, die der Beziehungsebene angehört. Die Kommunikation »Öffne das Fenster« übermittelt zugleich mit dem inhaltlich-verbalen Aspekt eine gewisse nonverbale Botschaft, die die Beziehung (zwischen dem Sprecher und dem Angesprochenen) definiert. So kann dieselbe verbale Kommunikation wie »Öffne das Fenster« einen Befehl, eine Forderung, eine Bitte, eine Herausforderung ausdrücken, je nach dem Ton, der Mimik und dem zugehörigen Kontext. Auf der Beziehungsebene wird ständig über den Inhalt kommuniziert, der Inhalt wird qualifiziert — das heißt, es wird Metakommunikation geübt. Allerdings wollen wir hier gar nicht auf diesen Aspekt der Metakommunikation hinweisen, sondern auf den Einsatz der verbalen Metakommunikation, die die Veränderung des eigentlichen kommunikativen Verhaltens zum Ziel hat.

Zu Beginn ihrer Arbeit hatten die Mitglieder der Forschungsgruppe eine Zeitlang vorgehabt, Metakommunikation als Instrument der Veränderung einzusetzen, und zwar in ihrem Umgang mit Klassenräten, Lehrerkollegien und mehr noch mit einzelnen Lehrern. Der Psychologe forderte die Lehrer ausdrücklich dazu auf, ihre Kommunikationen zu analysieren und darin die inhaltlichen wie die mit der jeweiligen Beziehung zusammenhängenden Aspekte zu entdecken[2]. Auf diese Weise sollten sie sich der verschiedenen Ebenen der Kommunikation und mithin der möglichen Widersprüche und Vieldeutigkeiten bewußt werden. Dieses Verfahren wurde allerdings bald wieder aufgegeben, und zwar aus den folgenden Überlegungen heraus: Die Metakommunikation, die im Grunde als Instrument zur besseren Wahrnehmung der Dysfunktionalität der eigentlichen Kommunikation gedacht war, erwies sich als wirkungslos, weil zwar inkorrekte Kommunikation erkannt wurde, aber daraus keine wirkliche Veränderung erfolgte. Tatsächlich war die Dysfunktionalität der Kommunikation nicht etwa die *Ursache*, sondern vielmehr das *Ergebnis* bestimmter Fehlschläge und Mißerfolge (denken wir nur an die Kämpfe im Zusammenhang mit der Definition der Beziehung). Darüber hinaus erwies sich die Methode der Metakommunikation deshalb als keineswegs ungefährlich, weil der Psychologe sich hier gewissermaßen in eine überlegene Position hineindefinierte, was bei den Lehrern auf Ablehnung und Rivalitätsgefühle stieß und so das Entstehen fruchtbarer Beziehungen gefährdete.

17
Die negative Bewertung

Manchmal glaubt der Psychologe, der in einer schwierigen Situation um Rat gebeten wird, es sei nützlich, das bisherige Vorgehen des Ratsuchenden zu tadeln, ihm mangelnde Kompetenz vorzuwerfen, Widersprüche aufzudecken und Verantwortlichkeiten in diesem Zusammenhang deutlich zu machen — kurz, eine Art »richterlichen« Kontext zu schaffen. Mit welchem Erfolg? Ein solches Vorgehen wirkt sich immer negativ aus, wie wir dies schon aus der Beschäftigung mit dem familialen Kontext wissen. Die negative Bewertung, die tadelnde, ablehnende Haltung, dienen im Grunde nur dazu, dem Kritiker eine überlegene Position zu verschaffen: Wer von der Höhe seiner Kenntnisse und Fertigkeiten herab Kritik an anderen übt, zeigt damit an, daß er die Situation überblickt, daß er ihr theoretisch gewachsen und daß er selbstverständlich imstande ist, sie besser zu meistern. Er gibt sich in einer Weise überlegen, die sein Gegenüber unweigerlich in die Defensive treiben muß — sei es in Form ergebener Resignation, sei es in Form feindseliger Ablehnung. Wir entdeckten zwei typische Reaktionsweisen des Lehrers auf eine derartige kritische Haltung, je nachdem, ob er sich allein oder in der Gruppe befand. Wenn der Lehrer, der den Fall vorbrachte, allein war, verringerte sich sein Beitrag zu einer Lösung ziemlich rasch. Er fühlte sich nicht imstande, in offene Konkurrenz mit dem Psychologen zu treten, war aber um so weniger in der Folge zur Zusammenarbeit mit ihm bereit. Manchmal kam es auch vor, daß der Lehrer die Herausforderung von seiten des Psychologen annahm und in eine Beziehung zu ihm trat, die durch wachsende Rivalität gekennzeichnet war — eine Rivalität, die ebenso unangenehm und bedrückend wie sinnlos war, was das anstehende Problem betraf. Wenn die Kritik des Psychologen sich gegen eine ganze Gruppe von Lehrern, etwa den Klassenrat, richtete, dann konnte es geschehen, daß sich im Blick auf die Lösung des Problems zwei Lager bildeten, daß bestehende Allianzen deutlich hervortraten und es zu Zwistigkeiten kam zwischen der kleineren Gruppe der ausgesprochenen Gegner der Kritik und der größeren Gruppe derjenigen, die den Tadel des Psychologen immer auf »die anderen« bezogen. Damit ist wohl deutlich, daß diese Spaltung in zwei Lager gar nicht auf inhaltliche Meinungsverschiedenheiten zurückging, sondern in Wahrheit auf der Ebene der Beziehungen ihre Erklärung fand. Das heißt, der Klassenrat benutzte die Kritik des Psychologen dazu, die bereits bestehende Spaltung unter den Lehrern zu bestätigen und die Dysfunktionalität der Kommunikation unter den Lehrern noch zu verstärken. So gelang es, den Psychologen in das Geflecht der bestehenden Beziehungen hineinzuziehen und ihm jede Möglichkeit zu nehmen, eine Veränderung herbeizuführen. Unsere Gruppe erlebte es wiederholt, daß sich ein Psychologe, der das Wagnis der negativen Bewertung eingegangen war, damit den Weg zu möglichen Erfolgen selbst verbaut hatte.

Andererseits stehen auch die Psychologen in der Tradition des linearen Modells von Ursache und Wirkung, das die Suche nach den Gründen vorschreibt und deshalb, wenn ein Ablauf dysfunktional ist, dazu auffordert, die Verantwortlichen ausfindig zu machen und Tadel und Rüge auszusprechen. Daß die Gruppe keine Kritik im Sinne der Schuldigsprechung übte, bedeutete also einen ersten Schritt in Richtung auf das »systemische« Modell und stimmte mit der Strategie überein, die von den Familientherapeuten bereits mit Erfolg erprobt worden war.

18
Die positive Bewertung

Als positive Bewertung bezeichnen wir die ausdrückliche Beachtung und wohlwollende Anerkennung der Haltungen und Einstellungen sowie der Verhaltensweisen, die der Schulpsychologe an der Person des »Klienten« beobachtet. Dieses Vorgehen ist durchaus gerechtfertigt: Wenn von Anfang an darauf hingewiesen wird, welche Anstrengungen der Klient zur Lösung seiner Schwierigkeiten unternommen hat, dann fühlt er sich akzeptiert und ist, gestützt auf sein Selbstwertgefühl, zum Gespräch bereit (siehe auch die Ausführungen zur negativen Bewertung).
Andererseits muß klargestellt werden, daß die positive Bewertung ein paradoxes Element in die Transaktionen zwischen Psychologen und Klienten einführt und mithin eine Beziehung bereits strukturiert, die letztlich auf Veränderung ausgerichtet ist. Die Paradoxie der positiven Bewertung wird sogleich erkennbar, wenn wir die jeweilige Situation näher betrachten. Ist es nicht widersinnig, daß der Lehrer, der sich mit dem Problem der ungenügenden Leistungen oder des Störverhaltens seiner Schüler herumschlägt, die zugrunde liegende Einstellung und alles, was bisher ohne Erfolg gegen diese »Mißstände« unternommen worden ist, positiv bewertet?
Anfangs wandte unsere Gruppe die Methode der positiven Bewertung eher wahllos an und berief sich dabei auf die oben zitierte Rechtfertigung. Das heißt, sie betrachtete die positive Bewertung als »therapeutisch« in sich und nicht als vorbereitende Maßnahme für nachfolgende Interventionen. Der Erfolg war gering, vor allem weil keine Indikationen für die weitere Intervention sichtbar wurden. Diese Erfahrung und die »Entdeckung« des paradoxen Charakters der positiven Bewertung führten dann zu der Einsicht, daß diese Methode eine Strategie voraussetzte, die deutlich auf Veränderung zielte, und daß sie ohne diese Voraussetzung sinnlos war. Der Psychologe mußte also das Problem und damit zugleich das Interventionsfeld neu strukturieren und die positive Bewertung entweder als pragmatischen Schachzug einsetzen, der bereits eine gewisse Veränderung hervorrufen kann, oder als ersten Schritt betrachten, dem notwendig weitere Schritte folgen mußten, wenn die gewünschte Veränderung erfolgen sollte. Nach Meinung der Gruppe sollten die Interventionen dann im Einzelfall folgendermaßen ablaufen:
a) Für das Zusammentreffen mit dem Klienten sollte der Psychologe so

viele Informationen wie möglich über das anstehende Problem einholen; zudem sollte er alle — beobachteten oder mitgeteilten — Verhaltensweisen positiv bewerten, die der Klient bisher in diesem Zusammenhang gezeigt hatte;

b) vor der Begegnung mit dem Klienten sollte der Psychologe — allein oder mit Hilfe der Gruppe — eine Strategie für die Veränderung festlegen, in der alle auf die positive Bewertung folgenden Schritte genau geklärt sein müßten. Ohne eine solche Klärung konnte der weitere Umgang mit dem Klienten allein auf der Basis der positiven Bewertung nur noch sinnvoll sein, wenn er von Mal zu Mal wieder im Blick auf eine ganz spezifische Veränderung neu festgelegt wurde; dabei handelte es sich stets um partielle Veränderungen.

Das Vorgehen nach diesem Schema trug Früchte. Nachdem die Gruppe erkannt hatte, daß die positive Bewertung eben nicht »in sich ausreichend«, sondern nur eines von mehreren Elementen einer weiter gefaßten und besser ausgearbeiteten Strategie war, wandte sie sich der Erprobung anderer Arbeitsformen zu.

19
Die paradoxe Methode der Symptomverschreibung

Dabei handelt es sich bekanntlich um eine der jüngsten und fruchtbarsten Entwicklungen innerhalb des gesamten Instrumentariums, das dem Psychologen zur Bewältigung seiner Aufgaben zur Verfügung steht. Die Ergebnisse, die mit der Methode der Symptomverschreibung auf dem Gebiet der Familientherapie erzielt wurden, veranlaßten die Gruppe, sich näher mit dieser Art der Intervention zu beschäftigen. Die paradoxe Verschreibung stellt den Klienten vor die Wahl zwischen zwei möglichen Verhaltensweisen, die es ihm unmöglich machen, er selbst zu bleiben: Er verändert sich, wenn er der Vorschrift folgt, weil sein Verhalten nun, da es ihm vorgeschrieben ist, ja nicht mehr spontan auftritt; er verändert sich gleichfalls, wenn er die Vorschrift nicht befolgt – in diesem Fall erweist er sich nämlich als fähig, sein Verhalten selbst zu modifizieren.

War es also vielleicht möglich, so fragte sich die Gruppe, die Methode der paradoxen Verschreibung in der Schule anzuwenden – das Symptom also vorzuschreiben, das der Lehrer oder der Klassenrat dem Psychologen zuvor als Problem unterbreitet hatten? Die bereits vorliegenden einschlägigen Erfahrungen auf dem Gebiet der Familientherapie ließen die Anwendung der paradoxen Verschreibung mit Sicherheit erfolgreich erscheinen, wenn zwei ganz bestimmte Bedingungen gegeben waren:

a) ein therapeutischer Kontext oder doch eine »bedeutungsschwangere« Situation, die schwierige und dringende Probleme zu lösen aufgibt;

b) die übergeordnete Stellung des Psychologen, die dadurch gegeben ist, daß der Klient dringend um seine Intervention bittet.

Nun ist die Schule zwar ein System, das Beteiligung fordert oder auch erzwingt, aber sie zeichnet sich nicht durch jene unumgängliche Solidarität aus, wie sie zwischen den Mitgliedern einer Familie in der therapeutischen Situation anzutreffen ist. Die paradoxe Verschreibung in der Schule ließ sich leicht eingrenzen: Man konnte dem Druck der Verschreibung ausweichen, indem man entweder über den einmal übermittelten Fall nichts mehr verlauten ließ oder zeitweise eine der Schlüsselfiguren des Systems entfernte: Suspendierung eines Schülers, Unerreichbarkeit des Schulleiters oder eines Elternteiles, zeitweilige Beurlaubung oder Entlassung eines Lehrers usw. Tatsächlich unterschieden sich die im System Schule oder im Subsystem Klasse interagierenden Personen von den Mitgliedern einer Familie durch den Umstand, daß sie auch einen definitiven

Bruch herbeiführen konnten, ohne dafür einen sehr hohen Preis zahlen zu müssen. Die Zerstörung des familialen Systems durch die endgültige Trennung, die Scheidung, die Aufnahme eines Mitgliedes in eine psychiatrische Einrichtung, durch Mord oder Selbstmord ist etwas anderes als die Auflösung des schulischen Systems durch die Versetzung eines Lehrers an einen anderen Ort, durch Sitzenbleiben oder die lange Beurlaubung eines Lehrers. Die paradoxe Verschreibung ist dort anwendbar, wo man ihr nicht entgehen kann. In der Schule ist dies aber nicht der Fall. Wenn hier ein Mitglied des Systems ausfällt, sei es durch seine Versetzung an eine andere Wirkungsstätte, sei es durch die Notwendigkeit, eine Klasse wiederholen zu müssen, dann läßt sich das ertragen: »Es ist ja jemand da, der seine Stelle einnimmt.« In jedem Fall ist es erträglicher als die Aussicht auf eine Veränderung, wie sie mit der paradoxen Verschreibung geschaffen wird.

Dazu kam, daß Schulleiter und Lehrer ihre Bitte an den Psychologen um seine Intervention häufig überhaupt nicht oder doch nur sehr dürftig begründeten; das hatte zur Folge, daß eben keine feste Bindung entstehen konnte, in welcher der Psychologe als das übergeordnete und der Lehrer als das abhängige Glied kenntlich gewesen wären. Eine indirekte Bestätigung dafür, daß das Instrument der paradoxen Verschreibung in der Schule absolut fehl am Platz ist, gibt der nachstehend beschriebene Fall. Einer der Teilnehmer unserer Forschungsgruppe war so unvorsichtig gewesen, eine paradoxe Verschreibung zu versuchen, ohne daß die beiden oben genannten Voraussetzungen gegeben waren.

Eine Schulleiterin, die den neuen Schulpsychologen möglichst von ihrer Schule fernhalten wollte, weil sie Schwierigkeiten mit seinem Vorgänger gehabt hatte, empfing den Neuankömmling zu einem kurzen Gespräch. Bei dieser Unterhaltung stimmte der Psychologe mit der Schulleiterin darin überein, daß die ständige Anwesenheit des Psychologen in der Schule gefährlich sei, und schließlich schrieb er ihr vor, sie solle ihn während des ganzen Schuljahres nicht rufen lassen. Dieser Verschreibung folgte die allzu getreue Ausführung, der Psychologe wurde nämlich tatsächlich kein einziges Mal in diese Schule geholt. Er hatte sich gewissermaßen selbst hinauskatapultiert, denn er hatte die Methode der paradoxen Verschreibung angewandt,

a) ohne eine signifikante Beziehung zwischen sich und der Schulleiterin begründet zu haben;

b) ohne sich des Stellenwertes seiner Intervention versichert zu haben, wenn es zu einer Situation kommen würde, in der nach übereinstimmender Meinung »schwierige Probleme zu lösen« waren – einer Situation also, in der er unweigerlich in eine Beziehung zum Klienten treten mußte.

Am Ende stellte die Gruppe fest, daß die »paradoxe Verschreibung« im allgemeinen im schulischen Bereich nicht anwendbar war, und zwar auch wegen ihres nicht zu vermeidenden Öffentlichkeitscharakters. Es sei hier auch auf die Unruhe und Aufregung hingewiesen, die in einem schulischen System entstehen können, wenn innerhalb kurzer Zeit zwei einander widersprechende »paradoxe Verschreibungen« erfolgen. Dafür ein Beispiel: Ein Psychologe befand sich in großer Verlegenheit, als er öffentlich Rechenschaft darüber ablegen sollte, daß er mehreren Lehrern, die sich über Disziplinschwierigkeiten beklagt hatten, völlig entgegengesetzte Verhaltensweisen vorgeschrieben hatte. Einem besonders nachsichtigen und duldsamen Lehrer hatte er zur größtmöglichen Toleranz gegenüber dem Störverhalten eines Schülers geraten, und anschließend hatte er einem starren und ganz in alten Traditionen befangenen Lehrer empfohlen, sich unbeugsam, ja geradezu repressiv zu verhalten. Das mag zwar innerhalb des pragmatischen Ansatzes, der auf Veränderung mittels eines Paradoxons zielt, richtig sein, aber dem Schulleiter und den Lehrern wird es unverständlich und widersprüchlich erscheinen, und dieser Eindruck tut der Glaubwürdigkeit des Psychologen Abbruch und schränkt seine Möglichkeiten für die Zukunft ein.

20
Die paradoxe Vorhersage

Für die paradoxe Vorhersage schienen die Anwendungsmöglichkeiten besser zu sein. Das theoretische Konzept und die praktische Ausformung entsprechen der paradoxen Verschreibung. Es handelt sich um die »Voraussicht« dessen, was der Klient bzw. die Klienten bereits tun oder zu tun vorhaben, so daß ein Paradoxon geschaffen wird. Wenn sie der »Voraussicht« entsprechend handeln, verhalten sie sich nicht mehr spontan, wenn sie der Voraussicht zuwider handeln, dann agieren sie im Sinne einer Veränderung. Der Psychologe muß in jedem Fall vorsichtig sein und sollte sich nicht waghalsig auf dieses Terrain begeben, ohne zuvor eine feste Bindung mit den Lehrern eingegangen zu sein, sonst erfüllt sich die Vorhersage – und damit ist der Psychologe disqualifiziert. Die Gruppe stellte fest, daß die paradoxe Vorhersage dann nützlich ist, wenn die bereits genannten Voraussetzungen gegeben sind und wenn ihre Anwendung in bestimmter Weise geregelt ist – andernfalls würde sie zu einem mehr oder weniger abgedroschenen Mittel, und es könnte geschehen, daß umgekehrt nun die Vertreter der Schule entsprechende Vorhersagen machen.

Wir geben im folgenden ein Beispiel für eine gelungene Intervention. Eine Psychologin hatte es mit dem schwierigen Fall wachsender Rivalität zwischen der Schulleiterin und einer Mathematiklehrerin zu tun. Die Meinungsverschiedenheiten hatten begonnen, als sich eine Studiengruppe mit der versuchsweisen Einführung der Neuen Mathematik in der Mittelschule befaßte. Die Psychologin kannte die Schulleiterin schon lange, und die beiden Frauen empfanden Achtung voreinander. Dieser Umstand wurde schließlich für den Erfolg der Intervention entscheidend. Während eines Gespräches kamen die Schulleiterin und die Psychologin überein, daß die Schulleiterin sich an den Sitzungen der Studiengruppe Neue Mathematik besser nicht mehr beteiligen sollte. Die Psychologin beendete das Gespräch mit den folgenden Worten: »Ganz sicher wäre es für die Mitglieder der Arbeitsgruppe Mathematik von Nutzen und würde ihr Verantwortungsgefühl erhöhen, wenn sie ohne die – wenn auch noch so behutsame – Einmischung von seiten der Vorgesetzten arbeiten könnten. Allerdings sind Sie ja ein Mensch, der alle Neuerungen in der Schule so aufmerksam und mit Recht so sorgfältig beobachtet, daß es Ihnen sehr schwer fallen muß, die Mathematiklehrerinnen sich selbst zu überlassen.« Die Schulleiterin gab nicht nur ihre Besuche bei der Studiengruppe auf, sondern schickte zudem der Psychologin ein Schreiben, in dem sie unter Hinweis auf ihre zahlreichen Pflichten und ihre Arbeitsüberlastung ankündigte, daß sie sich in Zukunft in der Hauptsache um die Verwaltungsarbeit kümmern wolle, die ihr als Schulleiterin obliege. Es ist interessant zu sehen, wie sich in diesem Fall die paradoxe Vorhersage im Sinne der Veränderung auswirkte, weil ihr nämlich die positive Bewertung des Eifers der Schulleiterin vorausgegangen war und sie vor dem Hintergrund einer signifikanten Beziehung zwischen der Psychologin und der Schulleiterin formuliert wurde. (Soviel zugleich zur Untermauerung dessen, was an anderer Stelle in diesem Kapitel bereits zur positiven Bewertung gesagt worden ist).

21
Ansatz am »Knotenpunkt des Systems«

Mit der Beschreibung verschiedener Formen der Intervention, die sich als wirksam erwiesen haben, ist zugleich immer wieder auf einen bestimmten Umstand hingewiesen worden: Die Gruppe erachtete es als notwendig, systembezogen vorzugehen, das heißt die jeweilige Situation im systemischen Sinne zu sehen und zu analysieren, um sich so genau wie möglich über die einzuschlagende Richtung klarzuwerden. Daß vor der eigentlichen Intervention Informationen eingeholt und alle Phänomene sorgfältig bestimmt werden müssen, ist eine Regel, die für jeden Kontext gilt. Das Verständnis für die Beziehungen innerhalb eines Kontextes wird dadurch erreicht, daß man die einzelnen Schachzüge und Gegenzüge erfaßt, die Allianzen und Koalitionen durchschaut und ein Gespür für die Rückkopplungen innerhalb des Systems entwickelt, und es ist für die genaue Bestimmung jenes systemischen Punktes unerläßlich, den die Theoretiker als Knotenpunkt bezeichnen: Hier laufen alle zur Erhaltung des Systems wesentlichen Beziehungen und Funktionen zusammen. Wenn man also an diesem Punkt operiert, dann kann man der größtmöglichen Wirkung der Intervention sicher sein, weil man hier ja den Nerv der Beziehungen trifft. Umgekehrt muß eine beliebige Intervention, selbst wenn sie streng systembezogen aufgebaut ist, von geringer Wirkung oder ohne Wirkung überhaupt bleiben, wenn sie diesen Punkt nicht trifft oder sich ihm nicht zumindest nähert; oder aber sie ist propädeutischer Natur, weil sie nämlich über die Rückkopplung Informationen über die Annäherung an den Schnittpunkt des Systems liefert. Trotz ihrer Bemühungen gelang der Gruppe keine befriedigende, Theorie und praktisches Vorgehen gleichermaßen berücksichtigende Darstellung eben jener Form der Intervention des Psychologen, mit der es möglich sein würde, den Knotenpunkt des Systems ausfindig zu machen und in der Folge an diesem Punkt anzusetzen. So wünschenswert eine solche Darstellung gewesen wäre, blieb sie doch, zumindest zum damaligen Zeitpunkt, ein mehr oder weniger utopisches Ziel.

22 Schlußfolgerung: Grundlagen des strategischen Vorgehens

Bei kritischer Betrachtung der verschiedenen Interventionstaktiken, die von der Gruppe erprobt worden waren und die hier vorgestellt worden sind, waren sich alle Mitglieder darüber einig, daß eine Art Vorausintervention dringend erforderlich sei, deren einziges und deutlich abgestecktes Ziel die klare und unmißverständliche Definition der Beziehung zwischen dem Psychologen und den Vertretern der Schule sein müßte. Dadurch würde von Anfang an ein dem weiteren Vorgehen angemessener Kontext geschaffen.

Wie wir gesehen haben, bittet heute niemand den Schulpsychologen im eigenen Interesse um Hilfe, sondern immer im Interesse eines anderen: der Schulleiter für die Lehrer, die Lehrer für einen Schüler oder dessen Angehörige usw. Es besteht also die starke Tendenz, den Psychologen als den »Therapeuten der anderen« zu betrachten, und der Versuch bleibt nicht aus, ihn in den »Parteienstreit« hineinzuziehen, wie er in der Institution immer geführt wird. Wenn dieser Versuch gelingt, dann soll der Psychologe als Bündnispartner Zwecken dienen, die kaum noch etwas mit den Gründen zu tun haben, die ursprünglich die Bitte um sein Eingreifen erforderlich machten.

Am Beispiel der Intervention in einem Klassenrat läßt sich dies verdeutlichen. Der Klassenrat bittet den Psychologen zu einem Gespräch und unterbreitet ihm ein Problem oder ein Anliegen; der Psychologe tritt in die Kommunikation mit dem Klassenrat ein, ohne daß irgendeine Definition der Beziehungen besteht, und unternimmt Schritte, die den Bitten des Subsystems so weit wie möglich gerecht werden. Das Ergebnis ist in der Regel frustrierend und niederschmetternd sowohl für die Lehrer als auch für den Psychologen. Wie ist das möglich? Beachten wir folgendes:

a) Der Psychologe hat in diesem Kontext keine deutlich umrissene Position inne. Der Klassenrat − oder besser gesagt jeder einzelne Lehrer, der ihm angehört (der Kontext, die entsprechenden Funktionen und die Ziele sind vorher nicht ausdrücklich definiert worden) − weist ihm jeweils wieder andere Funktionen zu, je nach den persönlichen Erwartungen. Der Psychologe wird als Didaktiker, als Therapeut, als Psychodiagnostiker, als Zauberer, Bundesgenosse oder Feind betrachtet. Das sind Definitionen, die wiederum ganz unterschiedlichen Kontexten zugehören; sie sind, wie schon angedeutet, überhaupt erst dadurch möglich geworden, daß es an der deutlichen Definition eines einzigen Kontextes eben fehlt. Das ist der

Grund, weshalb jeder der im Klassenrat vertretenen Lehrer versucht, die Beziehungen zu den übrigen Mitgliedern gemäß der jeweils eigenen Sicht des Kontextes immer neu zu definieren.

b) Das *Ziel* der Intervention ist nicht klar. In dieser Situation existiert tatsächlich kein fest umrissenes Ziel, über das sich alle Mitglieder der Gruppe einig sind. Der eine Lehrer erwartet vielleicht, daß der Psychologe sich eines Problemschülers annimmt und ihn zur Änderung seines Verhaltens bringt, so daß er sich der Gruppe seiner Mitschüler anpassen kann (therapeutischer Kontext). Ein anderer Lehrer möchte, daß der Psychologe ihm Ratschläge erteilt, wie er mit diesem Problemschüler umgehen soll (pädagogisch-didaktischer Kontext), ein dritter sucht im Psychologen den Bundesgenossen gegen seine Kollegen usw. Es ist aber gerade wichtig, daß das *Ziel* der Intervention deutlich ausgesprochen und von allen Mitgliedern des Klassenrates akzeptiert wird (kooperativer Kontext).

c) Wer ist überhaupt der *Klient,* den die Intervention des Psychologen betrifft? Der Lehrer, der die Übermittlung des Falles vorangetrieben hat, die Gruppe der Lehrer insgesamt, der Problemschüler oder schließlich seine Familie? In der Regel ist kein Lehrer bereit, sich als Klient des Psychologen zu betrachten oder seine Dienste in Anspruch zu nehmen, der Klient wird außerhalb der Gruppe gesucht. Wenn beispielsweise die Lehrer den Psychologen rufen, um ihm eine schwierige Situation zu schildern, die er lösen soll, dann betrachten sie sich nicht selbst als das Objekt seiner Bemühungen, sondern nur als Informanten und Übermittler des Falles, und deshalb kommt ihnen gar nicht der Gedanke, daß sie selbst etwas ändern könnten. Wenn der Psychologe nun in dieser Situation, die durch ständigen Wechsel des Kontextes gekennzeichnet ist, die Lehrer als seine Klienten betrachtet und entsprechend vorgehen will, dann wird sein Eingreifen ohne jede Wirkung bleiben. Es wird dann zu einer Reihe von Kommunikationen auf verschiedenen Ebenen kommen, und diese Kommunikationen werden alle von gegenseitiger Ablehnung oder auch von gegenseitiger Nichtbestätigung bestimmt sein. Der Psychologe muß also eine Strategie wählen, die es ihm ermöglicht,

— die Regeln der Beziehung allein festzulegen, soweit es den Bereich seiner Intervention angeht;

— solche Definitionen zurückzuweisen, die auf vorgefaßten Erwartungen, insbesondere Erwartungen therapeutischer Art, gründen;

— den Kontext für seine Intervention neu zu definieren, und zwar unter deutlicher Bezeichnung der Ziele und Methoden und mit der geschickt gewonnenen Zustimmung aller direkt Betroffenen;

— den Bereich der Intervention so abzustecken, daß er übersehbar bleibt und »beackert« werden kann, das heißt, daß jeweils nur einzelne und

deutlich zutage liegende Probleme angegangen werden. Dabei muß der Psychologe darauf achten, daß er in den Grenzen des Subsystems (kleine Gruppen) verbleibt und nicht in die direkte Konfrontation mit dem größeren System eintritt. Allerdings geht das größere System durchaus modifiziert aus diesen Bemühungen hervor, denn es wird durch die Rückkoppelungen aus den Subsystemen beeinflußt.
Um die so umrissene Strategie verwirklichen zu können, hielt es die Forschungsgruppe zunächst für nötig, förmlich um das Aufsetzen eines echten und eigenen Vertrages mit den Vertretern der Schule zu bitten. Gegenstand des Vertrages sollte eine öffentlich diskutierte, allseits angenommene und von allen unterschriebene Verpflichtung sein: Sie sollte aus einem detaillierten Arbeitsplan bestehen, in dem die Methoden der Intervention und die Zeit, die sie beanspruchen würden, im voraus festgelegt wurden. Die schriftliche Verpflichtung ist sehr wichtig, denn mit ihr ist die Beziehung des Psychologen zu den Vertretern der Schule deutlich festgelegt, und ebenso deutlich ist der Kontext geprägt, in dem der Psychologe arbeiten will. Damit werden mögliche Versuche, den Kontext zu verändern oder den Psychologen zu disqualifizieren, außerordentlich erschwert. Der geschriebene Text erlaubt keine »Amnesien« als Formen der Disqualifizierung, wie sie sonst von der Gruppe sehr häufig erfahren wurden. Der Arbeitsplan des Psychologen wird so zu einem festen Bezugspunkt für das, was er als seine Aufgabe betrachtet, und für die Art und Weise, wie er sich mit den schulischen Problemen beschäftigt. Die Unterschrift der verantwortlichen Vertreter der Schule[3] bedeutet, daß sie die Beziehung in der durch den Psychologen vorgeschriebenen Form anerkennen. Damit hat der Psychologe jene Position inne, die ihn *um eine Stufe erhöht* und die für jede Art fachlichen Eingreifens unerläßlich ist.
Aus allen diesen Überlegungen leitete die Gruppe ein grundlegendes Prinzip ab: Der Psychologe muß bereits zu Beginn jedes neuen Programms zugegen sein. Er darf es nicht hinnehmen, daß man ihn gewissermaßen erst auf halbem Wege dazuruft. In der Tat wird es ihm nur durch eine präzise Definition der eigenen Rolle und des Kontextes seiner Interventionen im Rahmen des Programms überhaupt möglich sein, wirksam zu handeln und vor allem zu verhindern, daß er im Spiel der Bündnisse und Koalitionen als Werkzeug benutzt wird. Die Definition, die der Psychologe von sich selbst gibt, verhindert nämlich einerseits, daß das System ihn aus Gründen der Wahrung oder Wiederherstellung seines inneren Gleichgewichts anders definiert und so den als Promotor der Veränderung angetretenen Psychologen zum Garanten der Homöostase macht. Sie verhindert andererseits, daß der Psychologe vielleicht selbst glaubt, auf magische Weise zur Lösung der inneren »Pathologien« des Systems befähigt zu sein. Die negative

Wirkung einer solchen Überzeugung läßt sich voraussehen. Die Abfassung eines Vertrages über ein genau umrissenes Arbeitsprogramm stellt den Psychologen selbst auf die Probe, denn damit ist er gezwungen, zunächst einmal die Interventionsbereiche abzustecken und sich dann zu überlegen, welche Methoden jeweils geeignet sind.

Es ist von größter und grundsätzlicher Wichtigkeit, daß alle Maßnahmen die hierarchische Ordnung der Institution respektieren. Die Direktion muß von jeder Initiative des Psychologen in Kenntnis gesetzt werden und ihre Zustimmung dazu geben. Wichtig ist aber auch, daß Maßnahmen, die die mittleren »Ränge« betreffen, mit diesen ausgehandelt und nicht von oben vorgeschrieben werden.

An diesem Punkt stellte sich der Gruppe ein weiteres Problem: Wie sieht der Vertrag in den Fällen aus, in denen die Schule die Initiative ergriffen, den (telefonischen oder schriftlichen) Kontakt eingeleitet und um Hilfe gebeten hat? Es war klar, daß man ein Instrument finden mußte, mit dessen Hilfe der Psychologe auch in diesen Fällen die Beziehung zu den Antragstellern von vornherein festlegen konnte. Es entstand der Plan, das von Watzlawick[4] für den ersten Kontakt mit Familien vorgeschlagene Modell des strukturierten Interviews in modifizierter Form zu übernehmen. Ein Formblatt wurde ausgearbeitet und den interessierten Schulen mit der Bitte zugesandt, es bei jedem Hilfsersuchen zu verwenden. Das Formblatt enthielt vier Fragen:

— Worin besteht das Problem?
— Was ist bisher zu seiner Lösung unternommen worden?
— Was erwarten Sie von der Intervention des Psychologen?
— Zu welchen Schritten und Leistungen sind Sie bereit, um das Problem zu lösen?

Die beiden ersten Fragen beziehen sich allein auf die inhaltliche Ebene, während die folgenden sowohl den Inhalt des Problems als auch die Beziehungen in Erfahrung bringen sollen.

Mit der *ersten Frage*, der Forderung, das Problem zu definieren, wird folgendes erreicht:

a) Das Feld wird von Unbestimmtheit, vagen Eindrücken, Interpretationen und Ängsten geräumt; damit wird es möglich, ein konkretes und gut erkennbares Problem zu identifizieren, eine tatsächlich vorhandene mißliche Lage mit ganz bestimmten Merkmalen;

b) »Pseudoprobleme« werden als das erkannt, was sie sind; ihre korrekte Benennung hat zur Folge, daß sie sogleich in ihren Dimensionen schrumpfen; andererseits werden Probleme, die bisher als nicht vortragbar galten, nun zur Kenntnis genommen und in ihrer Tragweite erkannt;

c) die unterschiedliche Bewertung des gleichen Phänomens durch verschiedene Personen wird ermöglicht oder sogar erleichtert.

Die Beantwortung der *zweiten Frage* unterrichtet den Psychologen über versuchte Lösungen und verschafft ihm insofern ein allgemeines Bild der Situation, als er durch sie Kenntnis von den oft schlecht koordinierten oder einander sogar zuwiderlaufenden Aktionen erhält, die bei dem Versuch einer Lösung des Problems unternommen worden sind. Darüber hinaus vermittelt sie ihm wichtige Informationen über die Allianzen und Koalitionen unter den Lehrern.

Die *dritte Frage* gibt einerseits den Lehrern Gelegenheit, ihre ganz unterschiedlichen Erwartungen auszudrücken, und macht andererseits den Psychologen schon im voraus mit diesen Erwartungen bekannt. Er kann daher die Grenzen seiner Zuständigkeit und seiner Möglichkeiten beizeiten deutlich machen und Unklarheiten in diesem Zusammenhang ausräumen.

Die *vierte Frage* soll enthüllen, wie weit die Übermittler des Problems zur Mitarbeit und zum eigenen Einsatz bereit sind. Implizit wird mit dieser Frage auch erkundet, wie die Vertreter der Schule den Kontext verstanden haben wollen.

Versuchsweise verteilten die Mitglieder der Gruppe eine Anzahl Formblätter an diejenigen Schulen, mit denen sie bereits in dienstlichem Kontakt standen. Diese Maßnahme diente dem doppelten Zweck, zum einen die Beziehungen zwischen dem Psychologen und den Antragstellern im voraus zu definieren und zum anderen zu erfahren, wie die »Prädefinition« der Beziehungen und mithin des Kontextes von seiten der Antragsteller selbst aussah. Nach dem Willen der Forschungsgruppe sollte der »Einberufung« des Psychologen jeweils eine ausführliche Diskussion der Lehrer untereinander über das anstehende Problem und damit auch schon über die dem Problem angemessene Strukturierung des Kontextes vorausgehen. Bald wurde allerdings deutlich, daß das Formblatt nicht in allen Fällen die ihm zugedachte Funktion erfüllte: *In den Schulen nämlich, in denen bereits bei der Aushandlung und Aufsetzung des Vertrages Verwirrung und Unstimmigkeit geherrscht hatten,* wurden nun die Formblätter in ähnlich vieldeutiger und konfuser Form verwendet; statt konkreter Antworten wurden Gemeinplätze geäußert[5], und in einigen Fällen wurden die Blätter nicht einmal vollständig ausgefüllt zurückgegeben.

Die allgemeine und deutliche Zustimmung zu dem Vertrag und der Einsatz der Formblätter haben gleich mehrere Wirkungen.

– Der Psychologe kann nun seine Beziehung zu den Lehrern des Klassenrates genau definieren;

– er macht besonders auf den operativen Kontext aufmerksam (Studiengruppe befaßt sich mit einem problematischen Aspekt der schulischen Situation);

— er bezeichnet die Lehrer, die seine Hilfe in Anspruch nehmen wollen, als die Klienten;
— er kommt den vorgefaßten und »magischen« Definitionen seiner eigenen Funktion zuvor.

Nun erwartet der Psychologe, daß die Lehrer des jeweiligen Klassenrates ihn zu einem Gespräch bitten (auf der kommunikativen Ebene bedeutet diese Aufforderung das Einverständnis mit der Definition, die der Psychologe von sich gegeben hat, und mithin das Einverständnis, auf der Grundlage dieser Definition mit ihm in eine Beziehung zu treten). Er wird seine Hilfe allerdings verweigern, wenn der Schulleiter ihn darum bittet, ohne daß die Lehrer ihre Zustimmung gegeben haben, oder wenn nur ein einzelnes Mitglied des Klassenrates diese Bitte vorträgt. Wenn er nämlich einer derartigen im Alleingang erfolgten Aufforderung nachkäme, dann würde das auf der kommunikativen Ebene einem Bündnis mit dem Antragsteller gegen die übrigen Lehrer gleichen und somit eine rigide symmetrische Beziehung in Gang setzen. Jedesmal, wenn ein Klassenrat mit der Bitte um Intervention an ihn herantritt, erklärt er von neuem sein Interventionsmodell und vergewissert sich anhand der Rückkopplungen, die ihn erreichen, daß der von ihm vorgeschlagene Kontext tatsächlich akzeptiert wird (siehe auch die Bedeutung des *schriftlichen* Programms). Er wird so in Zukunft weniger Schwierigkeiten haben, eventuelle Versuche zur Veränderung des Kontextes gleich im Keim zu ersticken.

Dieses Vorgehen hat mehrere Vorteile:
— Der Psychologe hat eindeutig die Kontrolle über die Situation;
— der Kontext ist klar, er ist verbalisiert worden, alle Beteiligten haben der Zielsetzung zugestimmt;
— die Beziehung zwischen den Beteiligten ist deutlich definiert und frei von Unklarheiten.

Wenden wir uns nun noch einmal den Unterschieden zu, die zwischen dem nicht definierten und dem durch einen schriftlichen Kontrakt definierten Kontext bestehen.

Selbstverständlich sind mit den einleitenden Maßnahmen, wie wir sie hier dargestellt haben, die Möglichkeiten des Psychologen nicht etwa erschöpft. Sie stellen nur den ersten unerläßlichen Schritt auf dem Weg zur Definition der Beziehung und des Kontextes dar. Wenn dieser Schritt unterbleibt, ist jede Intervention, und sei sie technisch noch so ausgefeilt, in ihrer Wirkung gefährdet oder überhaupt umsonst. Ist der erste Schritt getan, dann kann der Psychologe die wesentlichen Aufgaben in Angriff nehmen.

Die erste Aufgabe besteht darin, daß er sich in das schulische System einfügt und dafür sorgt, daß das System ihn nicht etwa zurückweist, sondern akzeptiert.

Die zweite Aufgabe ergibt sich aus der genauen Beobachtung, wie häufig symmetrische Interaktionen auftreten, die die Institution lähmen und zerstören; sie besteht in der Einführung komplementärer Beziehungsaspekte, die einerseits das Gleichgewicht des Systems wahren helfen, andererseits aber auch die unerläßliche Voraussetzung dafür sind, daß sich die Fähigkeit zur Transformation ausbildet. Alle lebenden und lebendigen Organismen sind ja paradoxerweise gerade durch das Nebeneinander von Stabilität und Veränderung gekennzeichnet.

Modalitäten	Kontext nicht vertraglich festgelegt	Kontext vertraglich festgelegt
Definition der Beziehung	unklar, den unterschiedlichen Erwartungen preisgegeben	klar, verbalisiert
operativer Kontext	nicht verbalisiert, schillernd, in ständigem Gleiten begriffen	präzisiert, eher stabil
Zielsetzung	mehrere unterschiedliche und verschiedengewichtige Ziele gleichzeitig vorhanden	ein einziges Ziel, das von allen Beteiligten angestrebt wird
Bereich der Intervention	weitläufig, nicht festgelegt, »Omnipotenzträume«	genau umrissen, abgegrenzt, im Rahmen des Möglichen angesiedelt
Ergebnis	Frustration, keine Veränderung, gegenseitige Ablehnung	Zufriedenheit, Orientierung in Richtung auf Veränderung, gegenseitige Bestätigung
Position des Psychologen	komplementär »eine Stufe tiefer« oder symmetrisch-rivalisierend	komplementär »eine Stufe höher«

IV
Fallbeispiele

Im folgenden geben wir eine kurze Übersicht über die problematischen Situationen, mit denen die Gruppe sich beschäftigte. Die Beispiele sind chronologisch geordnet; diese Anordnung spiegelt zugleich den Umstand wider, daß die Gruppe mit jedem neuen Fall besser imstande war, das zuvor gewählte theoretische Modell auf die konkrete Situation anzuwenden. Das methodische Vorgehen bei jeder dieser Interventionen wird dann jeweils am Schluß analysiert und auf seine Brauchbarkeit hin überprüft.

23

Eine Modellschule in chaotischer Situation. Der lehrreiche Fehlschlag

Was bedeutet »Ganztagsschule«?

Zum besseren Verständnis des gesamten Kontextes und der Situation, die der Schulpsychologe vorfand, müssen hier zunächst einige Begriffe näher erklärt werden, allen voran der Begriff der »Ganztagsschule«. Entstanden ist dieser Gedanke aus dem Versuch, der Zweiteilung in Unterrichtszeit und Zeit nach Unterrichtsschluß etwas Besseres entgegenzusetzen, und zwar in Form einer »Institution Schule«, die zwar den ganzen Tag umfassen, dabei aber von Grund auf reformiert werden sollte. Wichtigstes Kennzeichen dieser Neuordnung ist die obligatorische ganztägige Anwesenheit der gesamten schulischen Population. Innerhalb des schulischen Zeitplanes sind dann allerdings großzügige Möglichkeiten dafür gegeben, daß der Schüler seine ganz persönliche Wahl unter den verschiedensten Aktivitäten treffen kann. Das Ganztags- oder Vollzeitsystem gilt also sowohl für die Schüler, die ohne Ausnahme vormittags wie nachmittags zur Anwesenheit in der Schule verpflichtet sind, als auch für die Lehrer. Deren Arbeitsbelastung (die Anzahl der Unterrichts- und der sonstigen Dienststunden) bleibt zwar unverändert, verteilt sich aber über den ganzen Tag. Mit der »Vollzeit« ist also für die Lehrer (zumindest formal) kein größerer Arbeitsanfall und folglich auch keine finanzielle Verbesserung verbunden[1].

Das Ganztags- oder Vollzeitsystem als mögliche Lösung einer Vielzahl von Mißständen in der Schule wurde anfangs von den politisch links stehenden Kräften gefordert und vorangetrieben. Inzwischen haben es die unterschiedlichsten Gruppen und Interessengemeinschaften (Eltern, Gemeinderäte, Lehrer) auf ihr Panier geschrieben, wenn auch aus durchaus verschiedenen und zuweilen gar nicht miteinander zu vereinbarenden Bestrebungen. Entsprechend verbergen sich hinter dem Etikett der Ganztagsschule die unterschiedlichsten Erklärungen und bildungspolitischen Erwägungen. So wird etwa von der Notwendigkeit des Experimentierens und in diesem Zusammenhang vom »Schulversuch« oder vom »didaktischen Experiment« gesprochen. Solche Bezeichnungen sind bei den Lehrern sehr beliebt, weil viele sich davon mehr persönliche Freiheit in bezug auf Inhalt und Gestaltung des Unterrichts versprechen. Dagegen schrecken die meisten Eltern davor zurück; sie fürchten nämlich, daß ihre Kinder dabei als Versuchskaninchen herhalten müssen[2].

Eine dritte Bezeichnung für diese Form der erweiterten Schule haben wir schließlich im Begriff der »integrierten Schule«. Diese Bezeichnung hat zwar den Vorteil, daß sie bereits in eine bestimmte Richtung weist; sie ist aber noch kaum bekannt und wird daher selten gebraucht (»integrieren« bedeutet hier soviel wie »Neues neben das Alte setzen, Ergänzung durch die Einführung neuer Inhalte und Aktivitäten, ohne die herkömmlichen Inhalte und Aktivitäten abzuschaffen«). Die »integrierte Schule« ist offizieller Sprachgebrauch des Unterrichtsministeriums.

Im Sog der schulreformerischen Gedanken und auf entsprechenden politischen Druck hin machten sich einige örtliche Verbände zu Beginn des Schuljahres 1969/70 zu Befürwortern von sogenannten Versuchsschulen. Zur Unterstützung ihrer Forderung konnten sie auf entsprechende Gesuche und Vorschläge von Gemeinden verweisen, die an dem Projekt interessiert waren, weil ein besonders aufgeschlossener Schulleiter, ganze Gruppen von Lehrern oder aber der Gemeinderat selbst sich bereits dafür eingesetzt hatten. In diesen Fällen erteilte das Unterrichtsministerium eine Einzelerlaubnis für den Versuch, die jedes Jahr wieder von neuem eingeholt werden mußte. Die Erlaubnis war jeweils mit bestimmten Auflagen verbunden, die einmal bürokratisch-legislativer Art waren (das Experiment durfte in keinem Punkt dem geltenden Recht zuwiderlaufen) und zum anderen die didaktische Solidität des Versuchs betrafen (hierzu gehörte die ministerielle Forderung, daß die Modellschulen sich von einem psychopädagogischen Team fachlich beraten lassen sollten).

Die Provinzialverwaltung konnte dieser Forderung nachkommen, denn in den Schullaufbahn- und Berufsberatungszentren standen die entsprechenden Fachleute zur Verfügung. Sie wurden nun aufgefordert, sich auch für den Sektor der Modellschulen zu interessieren. Hier sei allerdings gleich angefügt, daß die Beratungsteams, die sich aus je einem Sozialarbeiter, Schul- und Berufsberater und einem teilzeitbeschäftigten Psychologen zusammensetzten, nicht alle die notwendige Kompetenz besaßen. Sie konnten erst nach einer entsprechenden Fortbildung und Qualifikation tätig werden. Von der Möglichkeit der Fortbildung wurde reger Gebrauch gemacht, insbesondere in solchen Beratungsstellen, deren Mitarbeiter den Schulversuch als eine Möglichkeit begrüßten, endlich erzieherisches Neuland betreten zu können. Es gab allerdings auch den umgekehrten Fall, daß die Beratungsteams die Aufforderung zur Mitarbeit in den Modellschulen als lästigen Befehl von oben betrachteten; in diesen Fällen verlief die Intervention dann in ausgesprochen traditionellen Bahnen und hatte auf den üblichen Schulbetrieb so gut wie keinen Einfluß.

In den folgenden Jahren stellten immer mehr Schulen den Antrag auf Umwandlung in »Modellschulen«. Allerdings waren die Anträge nicht mehr alle so deutlich und einleuchtend begründet wie anfangs. Oft zeichneten Schulleiter, Lehrer und Eltern zwar gemeinsam verantwortlich, aber immer häufiger waren sich die Unterzeichner untereinander über den Zweck des Schulversuchs nicht einig. Mit dem Strom der Beratungsteams in die Schulen stellte sich heraus, daß die Aufgabe sehr viel schwieriger war, als man zunächst geglaubt hatte, und diese Entdeckung versetzte wiederum die Initiatoren in Unruhe. In einigen Fällen widerstand die Schule der Neuerung insofern, als sie die Maßnahmen der Fachleute ablehnte, so daß diese sich gewissermaßen an den Rand gedrückt und zur Untätigkeit verurteilt sahen.

Die Schule von B.C., von der im folgenden die Rede sein wird, ist eine Modellschule der zweiten Generation.

Die Mittelschule von B.C. Der Ablauf der Ereignisse.

Im Oktober 1972 forderte die zuständige Abteilung der Provinzialverwaltung die Fachleute des Beratungszentrums von N. auf, in der Schule von B.C. tätig zu werden. Keiner der Mitarbeiter hatte jemals zuvor mit Modellschulen zu tun gehabt, und zudem hatte sich das Team soeben erst unter beträchtlichen Schwierigkeiten konstituiert: Der Psychologe war erst im vergangenen Monat eingestellt und von seinen beiden Kolleginnen, einer Sozialarbeiterin und einer Schul- und Berufsberaterin, die beide schon seit Jahren hier tätig waren, nicht eben freundlich aufgenommen worden.

Über die Antwort an die Zentralbehörde konnte man sich zunächst nicht einigen. Der Psychologe plädierte für eine positive Beantwortung der Anfrage, denn die Arbeit in einer Modellschule bedeutete für ihn eine wertvolle und zugleich reizvolle neue Erfahrung. Seine Kolleginnen zeigten dagegen deutlich ihre Abneigung und begründeten sie folgendermaßen:

— B.C. gehöre nicht mehr zu ihrem Einzugsbereich und falle damit nicht in die Zuständigkeit der Dienststelle;

— die Modellschulen seien in der Regel »einfach eine Katastrophe« (so sagten alle Kolleginnen);

— die zusätzliche Aufgabe würde eine unerträgliche Mehrbelastung für das Team darstellen.

Der letzte Einwand schließlich lautete:

— Was sollen wir dort eigentlich machen?

Zwischen der Anfrage der Behörde und dem sehr eilig aufgenommenen Kontakt mit der Schule blieb nicht genügend Zeit für das Team, um die Sache in Ruhe zu besprechen und sich darauf zu einigen, welche Haltung man im Zusammenhang mit der Intervention in B.C. einnehmen wollte.

Ebenso flüchtig fielen auch die Unterhandlungen mit der Zentralbehörde aus, die in diesem Fall mit der Ansicht, daß man in B.C. eingreifen müsse (»Man kann nicht zulassen, daß eine Modellschule ohne Beratung bleibt«), deutlich auf der Seite des Psychologen stand.
So stellte das Team ungeachtet der zögernden Haltung der Sozialarbeiterin und der Schulberaterin den Kontakt mit der Leiterin der Schule von B.C. her.
Die Schulleiterin war außerordentlich freundlich, ließ aber keinen Zweifel daran, daß ihrer Meinung nach die Intervention des Teams in streng technischen Bahnen erfolgen und so die Arbeit der Schule unterstützen müsse. Sie erwartete eindeutig eine sorgfältige Reihenuntersuchung der Schüler unter Anwendung von psychologischen Tests, damit man anschließend die schwierigen Fälle aussondern und entsprechend behandeln konnte. Was die Lehrer anging, so bat sie die Mitglieder des Teams um ständige Mitteilung über die einzelnen »Fälle«, damit sie auf die pädagogische Haltung Einfluß nehmen und notfalls auch einmal die Versetzung eines Lehrers betreiben könnte.
Die Mitglieder des Teams gaben sofort ihrer Verwunderung über diese Forderungen der Direktorin Ausdruck (sie waren sich sogleich darüber einig, daß eine Intervention in der von ihr gewünschten Form nicht in Frage kommen konnte) und unterbreiteten einen Gegenvorschlag: Sie wollten entweder mit den Lehrern zusammenarbeiten (auf der Basis von Klassenrat oder Arbeitsgruppen, um gemeinsam und in nichtdirektiver Weise die Schwierigkeiten zu untersuchen) oder ihre Bemühungen auf die Eltern konzentrieren und bei diesen zunächst einmal Verständnis für die Problematik der Modellschule wecken. Dieses erste Gespräch brachte noch keine Entscheidung, wie man künftig vorgehen würde. Das Team sollte zunächst an einer Besprechung der Lehrer teilnehmen, und nach Aussprache mit diesen sollte dann ein Beschluß gefaßt werden[3]. An diesem Punkt müssen wir deutlich machen, aus welch unterschiedlichen Beweggründen die Schule von B.C. ihre Umwandlung in eine Ganztagsschule beantragt hatte. Aus den Gesprächen mit den Lehrern und aus der Beschäftigung mit der schulischen Situation insgesamt schälten sich für den Psychologen schließlich die folgenden Erkenntnisse heraus[4]:
– Die Schulleiterin hatte das Vollzeitsystem befürwortet, weil die strenge Trennung zwischen den vormittags und den nachmittags tätigen Lehrern in ihren Augen die erzieherischen Ziele ernsthaft gefährdete und weil sie die lockere und nachgiebige Haltung der Lehrer, die am Nachmittag Aufsicht führten und ihrer Auffassung nach Chaos und Unruhe heraufbeschworen, nicht billigte[5].
Ihrer Meinung nach waren die Schüler ausschließlich zum Lernen in der

Schule, und wenn auch am Nachmittag »richtige Lehrer« unter Zuhilfenahme von Klassenbuch und Notendruck tätig würden, dann wären Ordnung und Disziplin gewährleistet. Die Schulleiterin hatte ein sehr negatives Bild von den Schülern in B.C.; sie hielt sie für »Tunichtgute«, für unwissend und in einigen Fällen für potentiell delinquent. Der obligatorische Nachmittagsunterricht würde sie wenigstens von der Straße fernhalten.

In einem Atemzug mit diesen Ausführungen, die mehr oder weniger dem Ruf nach einer Art Besserungsanstalt für Externe glichen, bezeichnete sich die Direktorin als modern und allen didaktischen und methodischen Neuerungen gegenüber aufgeschlossen. Zur Bestätigung rühmte sie sich, im vergangenen Schuljahr nur 32 Schüler nicht versetzt zu haben, nur die wirklich hoffnungslosen Fälle[6]. Die Direktorin spielte eine große Rolle im gesellschaftlichen Leben von B.C., wo sie mit ihrer Familie in einem der schönsten Häuser lebte. Ihr Mann war ein angesehener und einflußreicher Verwaltungsbeamter; sie unterhielt freundschaftliche Beziehungen zur gesamten »besseren« Gesellschaft von B.C. − bestehend aus Akademikern und den wichtigsten Lehrern an den Elementarschulen − ; sie ließ keinen Zweifel an ihrer Verehrung für die Institutionen und die Kirche aufkommen. Das erklärt auch, warum unter den Personen, die den Antrag auf Einführung des Ganztagssystems unterzeichneten, auch Mitglieder der Elternvereinigung waren, in der die »guten« Familien den Ton angaben, ebenso wie der Dezernent für das Schulwesen, ein Mann, der von pädagogischen Reformen nicht die geringste Ahnung besaß und sich an dieser Aktion wohl nur aus wahltaktischen Überlegungen beteiligt hatte[7].

− Die Lehrer, die dem Projekt wohl eher aus Angst vor der Schulleiterin denn aus Überzeugung zugestimmt hatten, waren im vergangenen Schuljahr vormittags tätig gewesen. Sie gehörten größtenteils den mittleren Jahrgängen an, waren der traditionellen Schule treu ergeben und größeren Veränderungen nicht eben zugetan. Deshalb waren sie keineswegs von der Aussicht begeistert, auch noch die Nachmittage in der Schule zu verbringen, aber die beschwörenden Worte der Schulleiterin, die von der »Mission« des Lehrers sprach, waren von einer moralischen Wirkung gewesen, der sie keine rational begründete Weigerung hatten entgegensetzen können. Sie suchten deshalb ständig nach pädagogischen Gründen, die gegen das Experiment sprachen, von dem sie im Grunde gar nichts wußten und dem sie ganz einfach mißtrauten[8].

− Neben diese Lehrer waren im Zuge der natürlichen Erweiterung der Schule andere, jüngere Lehrer getreten, zum Teil extrem politische Naturen, die ständig in Konflikt mit der Schulleiterin lagen. Diese ließ ihrerseits wiederum keine Gelegenheit verstreichen, die »Unbotmäßigkeit« der jungen Kollegen anzuprangern. Diese »linke« Gruppe war mit der Einführung der Ganztagsschule beträchtlich angewachsen[9]. Es gab in ihr einige Führernaturen, insbesondere eine sehr wortgewandte und zutiefst pessimistisch gestimmte Lehrerin. Charakteristisch für diese Gruppe von Lehrern war eine wahre Verfolgungsangst; sie waren sämtlich davon überzeugt, daß jedes Verhalten, jede Äußerung oder Geste der übrigen sich gegen ihre Personen oder ihre ideologische Position richtete[10]. Zwischen der Gruppe, die wir der Einfachheit halber als »rechte« Gruppe bezeichnen wollen, und den »linken« Lehrern gab es noch ein heterogenes »Sumpfgebiet«; hier waren diejenigen Lehrer angesiedelt, die still und unauffällig blieben, nur der Uhrzeit verpflichtet, kaum geneigt, ihre Übereinstimmung mit der einen oder anderen Seite lautstark kundzutun, aber immer auch auf der Hut, es mit keiner Partei völlig zu verderben. Diesen »Wahrern« des Gleichgewichts um jeden Preis, diesen Mittlern ging es weniger darum, Übereinstimmung zu erreichen, als vielmehr darum, sich auf der Seite des Siegers wiederzufinden, wenn der Konflikt sich schließlich zugunsten einer der streitenden Parteien lösen würde.

Im Zusammenhang mit dem Vollzeitsystem vertrat die »linke« Gruppe ganz präzise soziopolitische Vorstellungen: Kampf gegen soziales Außenseitertum und gegen die Selektion; Kampf gegen die autoritäre und repressive Konzeption der Schule, wie sie sich in der Schulleiterin verkörperte; Entwurf einer Lehrerrolle, derzufolge der Lehrer Anregungen und Anstöße liefert, nicht den »Schulmeister« spielt; Zusammenarbeit mit den Eltern und den sozialen Kräften außerhalb der Schule (Parteien, Gemeinderäte). Das bedeutete beträchtliche Mehrarbeit, und aus diesem Grund betrachteten die Lehrer aus dem »Sumpfgebiet« das reformerische Ferment mit Mißtrauen; sie paßten sich aber auch nicht der Starrheit der »rechten« Gruppe an, die so wenig modern und manchmal ebenfalls unbequem war. So schwankten diese Lehrer unentschlossen hin und her und achteten nur noch auf die Vor- und Nachteile im Programm der beiden Parteien. Es ist sehr wichtig, das Phänomen zu untersuchen, daß die »Vollzeit« als System von allen Seiten bejaht wurde. Praktisch alle Lehrer wollten die Vollzeit, wenn auch aus ganz verschiedenen Gründen. Ein Umstand, der niemals offen zur Sprache kam, zog dabei die besondere Aufmerksamkeit des Psychologen auf sich: Die größte Übereinstimmung war zu beobachten, als es um das schwierige Geschäft der Aufstellung des neuen Zeit- und Stundenplans der Schule ging. Jetzt versuchten alle, so viele freie Stunden wie möglich »am Stück« zu bekommen – einige Lehrer brachten es so auf zwei oder gar drei arbeitsfreie Tage pro

Woche. Alle Lehrer waren sich einig in dem Wunsch, ihre Arbeitsbedingungen zum eigenen Vorteil zu verändern[11].

— Die »guten« Familien von B.C. billigten und teilten die Gründe der Direktorin. Sie waren zudem noch überzeugt, »demokratisch« zu handeln und den Bedürfnissen der schulischen Population Rechnung zu tragen, ja, in gewisser Weise sogar die eigenen Kinder zu »opfern«, indem sie dem neuen System zustimmten. Sie beobachteten die Entwicklung sehr gespannt und aufmerksam, denn sie fürchteten vor allem das Eindringen der Politik in die Schule und die mögliche Anwesenheit von »roten« Lehrern. Im stillen behielten sie sich die Möglichkeit vor, ihre Kinder auf Privatschulen zu schicken.

— Die große Masse der Eltern stand in Wahrheit abseits. Zu den linken Lehrern gesellte sich aber mit der Zeit eine Gruppe kämpferischer, »demokratischer« Eltern, die schließlich mehr Gewicht hatten als die Vertreter der »guten« Familien. Das führte dazu, daß diese letzteren, nachdem sie ihr Monopol verloren hatten, nun entschieden gegen den Schulversuch opponierten und die »Schäden«, die den Schülern damit zugefügt würden, stark übertrieben oder überhaupt falsch darstellten. Für die Eltern »Jedermann« stand zumindest eines fest: Die Nachmittagsschule war ein Geschenk des Himmels, denn sie befreite sie für einige weitere Stunden des Tages von ihrer Aufsichtspflicht über die Kinder.

— Das nicht zum Lehrkörper gehörende Personal (Hausmeister, Sekretärinnen) trat geschlossen für die Schulleiterin ein, vor allem als diese erkennen ließ, daß sie den Schulversuch möglicherweise abbrechen würde. Die Hausmeister hatten nicht unwesentlich dazu beigetragen, daß der Leiterin schließlich das phantastische Bild einer im Chaos versinkenden und grausam zerstörten Schule vorschwebte; sie hatten ständig jeden noch so kleinen disziplinarischen Verstoß von seiten der Schüler gemeldet und übertrieben dargestellt und auch eine Reihe von Verdächtigungen in bezug auf die »linken« Lehrer geäußert[12].

Zu Beginn seiner Teilnahme an den Lehrerkonferenzen war sich der Psychologe noch keineswegs darüber klar, was die Schulleiterin bewogen hatte, das Vollzeitsystem zu beantragen, und ebensowenig kannte er die Gründe, die bereits — wenn auch noch nicht in lautstarker Form — dagegen vorgetragen worden waren. Seiner Überzeugung nach hatten Eltern und Lehrer das Ganztagssystem angestrebt, und zwar aus pädagogischen Gründen, die möglicherweise zwar nur vorgeschoben und keineswegs eindeutig waren, aber doch auf den Umstand zurückgingen, daß sie der traditionellen Schule überdrüssig und auf ihre Erneuerung bedacht waren. Diese Überzeugung des Psychologen wurde noch verstärkt durch die Tatsache, daß auch die Bestrebungen der linken Lehrer zumeist in eine

Richtung gingen, die er bereits vermutet hatte. Tatsächlich hatte die Gruppe dieser Lehrer, die zunächst dem Antrag auf Einführung der Ganztagsschule eher ferngestanden hatte, dann dieses System selbst vorgeschlagen, selbstverständlich mit einer Begründung, die der der Antragsteller vollkommen entgegengesetzt war[13]. Damit war der Sinn des ganzen Unternehmens, das ja ursprünglich auf »Verstärkung des traditionellen Schulsystems« ausgerichtet gewesen war, völlig umgekehrt worden und hätte nun eher die Bezeichnung »Revolution in der Schule« verdient. Diese (linke) Gruppe beteiligte sich außerordentlich rege an den Diskussionen und lieferte jedes Mal lange Erklärungen für das, was man tun oder nicht tun sollte. Der Widerstand der Schulleiterin schien anfangs nicht sehr groß, bestand aber ganz deutlich immer aus formalen Einwänden, die sich aus ihrer Rolle erklärten[14].

Der Psychologe nahm seine Aufgabe zunächst also völlig unparteiisch und unvorbelastet in Angriff. Die schwelenden Konflikte waren ihm nicht bekannt, und indem er erzieherische und psychologisch-pädagogische Gründe ins Feld führte, verbündete er sich in Wirklichkeit mit der politischen Gruppe der »Linken«, weil er glaubte, damit die Erneuerung zu unterstützen, die die Schule als solche ja anstrebte[15].

Diese Haltung des Psychologen rief sofort das Mißfallen der Schulleiterin hervor — sie hatte anderes von ihm erwartet. Von diesem Augenblick an waren alle ihre Aktionen darauf ausgerichtet, den Schulversuch fehlschlagen zu lassen. Sie suchte nicht ein einziges Mal die Metakommunikation über die Situation, und sie unterließ es auch, jemals die Gründe deutlich darzulegen, die ursprünglich ihr Eintreten für den Versuch bestimmt hatten. Eine solche Begründung wurde auch von keinem der übrigen Beteiligten gegeben — in der Hauptsache wohl deshalb, weil die Struktur des Vollzeitsystems als eines »leeren Rahmens« Vorteile für alle mit sich brachte, auf die niemand verzichten wollte[16]. Die Direktorin sagte dem Psychologen beispielsweise niemals deutlich, daß sie sich das Vollzeitsystem ganz anders vorstellte als er. Nachdem sie versucht hatte, die Neuerungen so klein wie möglich zu halten, ging es ihr nur noch um den Nachweis, daß eine Alternative zu einer ihrem Wesen nach traditionellen Schule ganz undenkbar sei; gleichzeitig wahrte sie den Schein der achtungsvollen Zusammenarbeit mit dem Psychologen[17].

Die Gruppe der »linken« Lehrer reagierte begeistert auf das Angebot einer Allianz mit dem Psychologen und auf die »wissenschaftliche« Autorität, die seine Beteiligung den Versammlungen verlieh. Ihr ging es ja darum, um jeden Preis die eigenen Vorschläge in immer größerem Maß durchzusetzen. Zugleich warfen ihre Mitglieder dem Psychologen zwar nicht öffentlich, aber doch ganz unverhohlen vor, daß er zur Schulleiterin nach wie vor eine freundschaftliche Beziehung unterhalte[18]. Wir verweisen hier auf unsere schematische Skizze des schulischen Systems, wie es sich etwa zwei Monate nach Tätigkeitsbeginn des Teams darstellte.

Die Allianz zwischen der »linken« Gruppe und dem Psychologen kam hauptsächlich in dem Augenblick zustande, als in der Lehrerkonferenz über die Abfassung eines Programms gesprochen wurde, das als Basis aller schulischen Aktionen überhaupt dienen sollte. Es wurde eine Arbeitsgruppe ins Leben gerufen, die allen offen stand. Doch nahmen schließlich nur das Team und eine Reihe »linker« Lehrer daran teil, darunter alle ihre Sprecher. Die Gruppe bemühte sich darum, ein zwar innovatorisches, nicht aber revolutionäres Arbeitspapier zu schaffen, das auch für die übrigen Beteiligten annehmbar sein sollte. Mit ihrem Fernbleiben ließen diese allerdings wiederum offen ihre ablehnende Haltung erkennen. Der Psychologe steuerte sehr wesentliche Überlegungen bei, und das Dokument wurde so weitgehend Ausdruck seiner Vorschläge. Die Sozialarbeiterin und die Berufsberaterin zeigten durch ihr beredtes Schweigen an, daß sie nicht freiwillig an der Arbeitsgruppe teilnahmen. Das Dokument wurde vom Lehrerkollegium angenommen, aber der Konflikt blieb insofern bestehen, als viele derjenigen Lehrer, die sich nicht an der Arbeitsgruppe beteiligt hatten, sich nicht daran hielten[19].

Bei den folgenden Zusammenkünften kam es zum Streit über die Frage, wer vertragsbrüchig sei. Niemand war bereit, einen Vertragsbruch zuzugeben, auch wenn er offensichtlich gegen die erreichte Übereinkunft verstoßen hatte. Das Dokument ging beispielsweise davon aus, daß keine Zensuren gegeben und keine Hausaufgaben gestellt werden sollten. Viele Lehrer erteilten aber weiterhin Noten und Hausaufgaben, leugneten dies jedoch in der Konferenz und beteuerten, daß sie sich, wenn auch nur versuchsweise, an die Bestimmungen gehalten hätten (was bedeutete, daß sie nur ihre Undurchführbarkeit zu beweisen suchten). Die Schulleiterin unterstützte jedoch die Position dieser Lehrer nicht, mit denen sie ja insgeheim verbündet war. Statt dessen prangerte sie anderweitige Verfehlungen und Nachlässigkeiten der Lehrer an, die sich an die Bestimmungen des Dokuments gehalten hatten. Auf diese Weise wurde eine paradoxe Situation in der Schule geschaffen:

— Alle Lehrer hatten sich einstimmig für ein programmatisches Papier ausgesprochen, das als Basis für ihre pädagogische Arbeit dienen sollte;

— die vertragsbrüchigen Lehrer wußten die Vorgesetzte auf ihrer Seite und setzten sich weiterhin ungestört über die Abmachungen hinweg;

— die Lehrer, die sich an die Bestimmungen des Dokumentes hielten, wurden ständig beschuldigt, die Schule in ein Chaos zu treiben.

Unordnung und Chaos stellten sich in der Tat ein: Die Einführung neuer

Allianzen und Koalitionen in der Mittelschule von B.C.

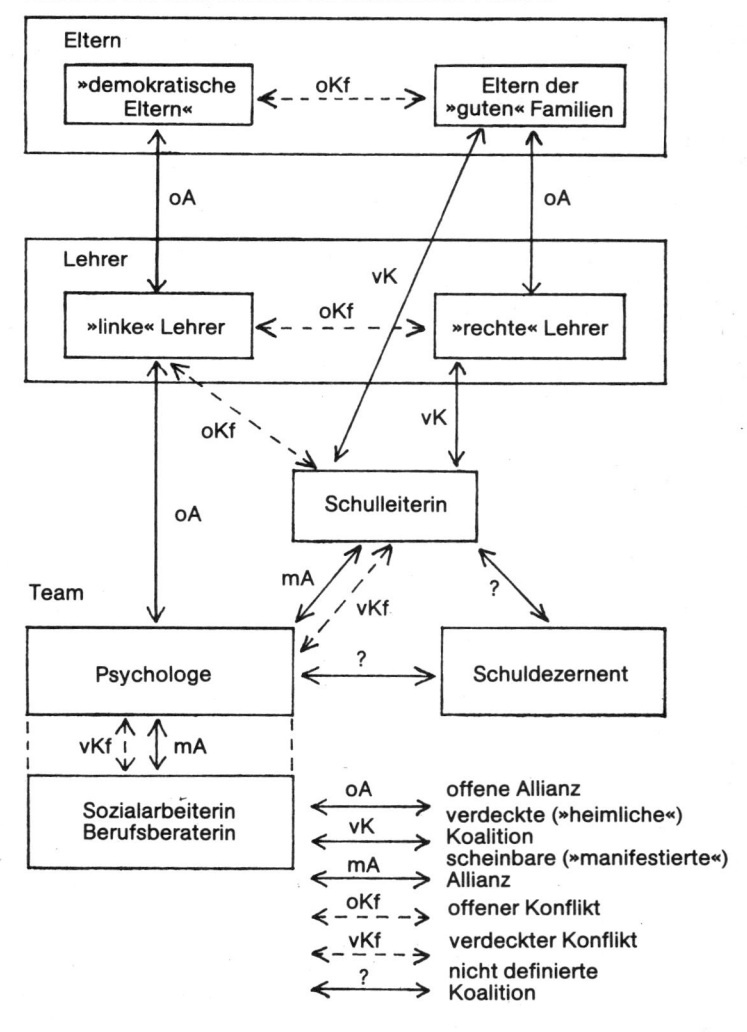

```
┌─────────────────────────────────────────────────┐
│ Eltern                                          │
│  ┌──────────────┐   oKf    ┌──────────────┐    │
│  │»demokratische│<- - - - ->│  Eltern der  │    │
│  │   Eltern«    │           │»guten« Familien│  │
│  └──────────────┘           └──────────────┘    │
└─────────────────────────────────────────────────┘
        ↕                            ↕
        oA                           oA
┌─────────────────────────────────────────────────┐
│ Lehrer                       vK                 │
│  ┌──────────────┐   oKf    ┌──────────────┐    │
│  │»linke« Lehrer│<- - - - ->│»rechte« Lehrer│   │
│  └──────────────┘           └──────────────┘    │
└─────────────────────────────────────────────────┘
         ↖ oKf                       ↕ vK
          ↘                          ↓
        oA        ┌──────────────┐
        ↕         │ Schulleiterin │
                  └──────────────┘
                   ↕ mA      ↕ ?
                   ↕ vKf
Team                ↕ ?
┌──────────────┐              ┌──────────────┐
│  Psychologe  │<- - ? - - - ->│Schuldezernent│
└──────────────┘              └──────────────┘
   ↕ vKf  ↕ mA
┌──────────────┐
│Sozialarbeiterin│
│Berufsberaterin │
└──────────────┘
```

←oA→	offene Allianz
←vK→	verdeckte (»heimliche«) Koalition
←mA→	scheinbare (»manifestierte«) Allianz
<-oKf->	offener Konflikt
<-vKf->	verdeckter Konflikt
←?→	nicht definierte Koalition

und ergänzender Aktivitäten in den Zeitplan der Schule*, die damit verbundenen häufigen Wanderungen der Schüler von einem Klassenraum in einen anderen und die Tatsache, daß viele Schüler sich an diesen Aktivitäten nur zögernd beteiligten, führten zu allgemeiner Verwirrung, die wiederum alle Beteiligten in ihrer jeweiligen Überzeugung bestärkte:
— Die Schulleitung und die Lehrer vom »rechten« Flügel sahen sich in ihrer Ansicht bestätigt, daß es ohne Zensuren und ohne Disziplin eben nicht möglich sei, eine Schule zu leiten. Der negative Ausgang des Versuchs war für sie offensichtlich. Sie wollten zur traditionellen Schulform zurückkehren.

— Die Lehrer vom »linken«Flügel wandten dagegen ein, daß es zu Unordnung und Chaos nur deshalb gekommen sei, weil nicht alle den Versuch gewollt und sich an seine Bedingungen gehalten hatten. In ihren Augen war es zu einem internen Boykott gekommen.

Erläuterung des Schemas:

Eltern »Jedermann«: Sie wollen die Ganztagsschule und verbünden sich daher mit dem, der sie fordert, ungeachtet der Gründe, die er hat.
Eltern der »guten« Familien: Sie sind eng mit der Schulleiterin und den Lehrern des rechten Flügels alliiert, aber diese Allianz wird niemals offen dargelegt.
»Demokratische« Eltern: Sie gehen eine offene Allianz mit den Lehrern des linken Flügels und mithin auch mit dem Psychologen ein.
»Linke« Lehrer: Offener Konflikt mit der Schulleiterin und den Lehrern des rechten Flügels und offene Allianz mit dem Psychologen und den »linken« Eltern.
»Rechte« Lehrer: in offenem Konflikt mit den linken Lehrern, verschleiern ihr enges Bündnis mit der Schulleiterin.
Am wenigsten eindeutig ist die Beziehung zwischen der Direktorin und dem Psychologen: Einem realen, aber niemals deutlich ausgesprochenen Konflikt läuft eine scheinbare Allianz parallel. Ebenfalls nicht eindeutig sind die Beziehungen innerhalb des Teams. Das Team gibt sich nach außen hin als Einheit, aber das Verhältnis Psychologe — Sozialarbeiterin/Berufsberaterin ist von Konflikten bestimmt.
Bemerkung: In der Aufstellung fehlen paradoxerweise die Schüler. Sie sind nur als Objekt der Verhandlungen in diesem System vertreten, nicht als Protagonisten.

---

* Nach Auskunft der Autorin handelte es sich dabei beispielsweise um Kurse in Fotografie, Töpfern, Rezitation, Musik etc., die vor allem in den Ganztagsschulen eingeführt wurden.

Der Psychologe bringt das Problem vor die Forschungsgruppe

Bei diesem Stand der Dinge brachte der Psychologe das Problem vor die Forschungsgruppe. Die Gruppe versuchte eine Analyse nach systemtheoretischen Gesichtspunkten und dachte über eine wirksame Strategie zur Änderung der jetzt bestehenden Situation nach. Die Mitglieder der Gruppe beschäftigten sich sehr eingehend mit der Situation und machten sich ihre Aufgabe nicht leicht. Sie waren unsicher in der Analyse dieses Falles, der wegen der großen Zahl von Variablen so schwierig gelagert war. Schließlich konzentrierten sie sich im wesentlichen auf die Analyse der Allianzen und Koalitionen innerhalb des Systems und entwickelten das bereits angeführte Schema. Es erwies sich als notwendig, versuchsweise das »richtige« Verhältnis zwischen dem Psychologen und den verschiedenen Teilen des Systems aufzuzeichnen. Dabei wurde verschiedentlich bemerkt, daß der Psychologe von seinem Standort auf der obersten hierarchischen Ebene einen unangemessenen »Sprung in eine andere Generation« vollzogen hatte, indem er sich mit den »linken« Lehrern verbündet und ihr gegen die Schulleiterin gerichtetes Verhalten auch für sich übernommen hatte.

Nach Jay Haleys Analyse der Familie[20] muß eine solche Allianz als »pervers« bzw. als dysfunktional im Sinne des Systems bezeichnet werden. Eine solche Betrachtung konnte natürlich längst nicht alle Faktoren berücksichtigen, die zur Entstehung der Situation beigetragen hatten. Auf der Basis der Analyse Haleys kam die Forschungsgruppe aber zu folgenden Ergebnissen:

– Die Allianz zwischen dem Psychologen und den »linken« Lehrern war eindeutig ein Fehler (»Generationswechsel«).

– Wenn der Psychologe auf das System einwirken wollte, dann hätte er dies auf dem Weg über eine deutlich erklärte Allianz mit der hierarchischen Autorität tun und dabei versuchen müssen, diese zu beeinflussen; auf eine Koalition mit Gruppen von Lehrern hätte er sich nicht einlassen dürfen.

– Es wäre angebracht gewesen, wenn der Psychologe im Rahmen seiner Intervention die Schulleiterin positiv »bewertet« hätte, um so den zwischen ihm und ihr bestehenden Bruch zu überwinden.

Durch die Analyse des Falles gelangte die Gruppe darüber hinaus zu folgenden Überlegungen:

– Der Psychologe hatte niemals seine Rolle selbst definiert, sondern er hatte immer zugelassen, daß die verschiedenen Beteiligten ihn von sich aus und in ganz unterschiedlicher Weise definierten. So gab es für ihn überhaupt keine deutliche Rolle, und er besaß, da er isoliert und von allen

als Werkzeug betrachtet wurde, auch keinen Kontext für sein Handeln.
— Um diese Kette von dysfunktionalen Phänomenen verhindern zu können, hätte der Psychologe sehr viel eher zur Stelle sein müssen, nämlich bereits in der Phase der Projektierung und Programmierung des Vollzeitversuchs. Er hätte dann zunächst sich selbst, seine Rolle, seine Möglichkeiten wie auch die Grenzen seiner Mitarbeit definieren und eine Art Vertrag mit den Vertretern der Schule schließen können. Aus der Analyse, die die Gruppe erarbeitet hatte, ergab sich, daß die Situation in B.C. inzwischen nicht mehr zu retten und eine wirksame Intervention durch den Psychologen gar nicht mehr möglich war.

— Ein erweitertes System, das sich in einer Phase der Evolution befindet, beispielsweise also eine Mittelschule, in der ein neues Schulmodell erprobt wird, enthält zahlreiche Variablen und umschließt eine Vielzahl von interagierenden Subsystemen. Deshalb ist eine einzige globale Intervention zugunsten des gesamten erweiterten Systems überhaupt nicht möglich. Weniger aufwendig und von größerem Nutzen ist es, wenn der Psychologe sich mit den kleinen Subsystemen befaßt und — natürlich immer unter Beachtung der einzelnen Ebenen und »Generationen« — entsprechende, auf Veränderung gerichtete Impulse in diese Subsysteme einbringt.

Zum praktischen Vorgehen wurde folgendes beschlossen:
— Der Psychologe sollte sich aus seinem augenblicklichen Interventionsfeld, nämlich den Lehrer- und Elternversammlungen, zurückziehen;
— er sollte versuchen, die Allianz mit der Schulleiterin wiederherzustellen, und zwar durch ein Gespräch, in dem er Verständnis für ihren Standpunkt zeigen und ihre Ängste und Besorgnisse positiv bewerten sollte;
— er sollte ein weiteres Bündnis mit der kommunalen Autorität schließen, in diesem Fall mit dem Dezernenten für das Schulwesen, der bisher sehr weit abseits gestanden hatte;
— er sollte sich mit den Subsystemen befassen, dabei eine nichtdirektive Haltung einnehmen, die spontanen konstruktiven Anregungen von der Basis aufgreifen und dabei nach Möglichkeit neutral bleiben.

Mit allen diesen Schritten sollte verhindert werden, daß das System sich vollständig auf die Positionen der traditionellen Schule zurückziehen würde, und zugleich sollte das Vollzeitsystem — wenn auch nur in seinem äußeren Rahmen (Ausweitung des Zeitplanes und Abkehr von der strengen Scheidung zwischen Unterricht und unterrichtsfreier Zeit) — als die Mindestvoraussetzung für zukünftige weitere Entwicklungen erhalten bleiben. Das war der einzige Punkt, über den sich die Mehrzahl der am schulischen System in B.C. Beteiligten wirklich einig war.

Der Psychologe bemühte sich in einem Gespräch mit der Schulleiterin, ihre Rolle und ihr Verhalten positiv zu bewerten, und er schloß sich ihren berechtigten Befürchtungen wegen der chaotischen Situation der Schule an. Das Protokoll dieses Gesprächs liest sich verblüffend. Zu Beginn erscheint die Leiterin als Opfer ausgesprochener Wahnvorstellungen, die sich gegen Ende des Gesprächs zunehmend verflüchtigen[21]. Die »Unterhaltung« ist großenteils kein Gespräch, sondern ein Monolog; die Anregungen, die vom Psychologen kommen, werden von der Schulleiterin so gut wie gar nicht aufgegriffen. — Das Treffen endete mit einer vagen Übereinkunft über die Neustrukturierung der Schule auf der Basis der Wiedereinführung des Notensystems und der Einschränkung des Schulversuchs[22]. Die Veränderungen, die der Psychologe vorschlug, um die Besorgnisse der Direktorin zu zerstreuen — und die zum großen Teil auf deren eigene wiederholt geäußerte Vorschläge zurückgingen —, wurden von ihr sämtlich in Zweifel gezogen und schließlich als »unmöglich« zurückgewiesen[23].

Nach der herkömmlichen Betrachtungsweise hätte der Psychologe zweifellos aus alldem geschlossen, daß es sich bei seinem Gegenüber um einen »pathologischen Fall« handelte. Tatsächlich bewirkten das Verhalten der Schulleiterin und ihre Weigerung, eine echte Allianz mit dem Psychologen einzugehen, daß die Dinge unverändert blieben und die Schule von B.C. sich aus dem Experiment zurückzog. Die Direktorin »zeigte« ein pathologisches Verhalten, das den Psychologen zu dem Schluß führte, der Schulversuch sei undurchführbar, weil er die Leiterin in Angst und Panik stürzte. Andererseits nützte sie das Gespräch dazu, die Allianz des Psychologen mit den »Linken« zu zerstören; sie erklärte nämlich öffentlich und zu wiederholten Malen, daß auch der Psychologe mit der Wiedereinführung des Notensystems und mit der Einschränkung des Versuchs einverstanden sei. Damit erreichte sie nur, daß alle Maßnahmen des Psychologen auf Ablehnung stießen, konnte aber den Konflikt nicht verhindern, sondern verschärfte ihn noch; sie machte nämlich keinen ernsthaften Versuch, wenigstens die übrigen Punkte des programmatischen Papiers beizubehalten (bei denen es um die Änderung des Zeitplanes ging und darum, daß einige der neu eingeführten ergänzenden Aktivitäten wieder fallengelassen werden sollten).

Der Psychologe zog sich praktisch zurück, nachdem ihm klar geworden war, daß er die Situation nicht annähernd in der Hand hatte, sondern dem System vielmehr als Werkzeug diente. Er besuchte die Versammlungen der Klassenräte und interessierte sich für den einen oder anderen schwierigen Schüler; er nahm also die traditionellen Arbeitsformen wieder auf. Gegen Ende des Schuljahres erfuhr er durch einen Anruf der Schulsekretärin von einer Initiative [24]: Es ging um die Bildung einer paritätischen Kommission aus Lehrern (Vertretern der »Rechten« wie der »Linken«), Eltern, dem Schuldezernenten, der Schulleitung und dem Psychologen, die untersuchen sollte, welche Neuerungen eingeführt werden müßten, um das Vollzeitsystem überhaupt »möglich« zu machen. Er nahm an der ersten Zusammenkunft teil und war erstaunt über das neue Bild, das sich ihm bot. Die aggressiven Protagonisten von einst behandelten einander mit der größten Höflichkeit und Zuvorkommenheit und waren bei ihren Reformplänen für das nächste Schuljahr durchaus zu wechselseitigen Zugeständnissen bereit. Die Schulleiterin, die sich früher immer entschieden gegen die Ergänzungsfächer ausgesprochen hatte, bat jetzt sogar den Psychologen um seine Meinung, wie sich diese Aktivitäten am besten in den Zeitplan der Schule einbauen lassen würden, und hörte sich seine Antwort aufmerksam an. Die Aggressivität der »linken« Lehrer war vollkommen verschwunden, sie waren jetzt zu Zugeständnissen bereit, etwa bei der Notengebung, die früher ganz undenkbar gewesen wären. Der Psychologe konnte sich beim besten Willen nicht vorstellen, welche Umstände eingetreten waren, die einen solchen Wandel bewirkt hatten, und er konnte auch nicht abschätzen, wie weit dieser Wandel ging und wie dauerhaft er sein würde. Nach dieser ersten Zusammenkunft arbeitete die Kommission weiter, aber der Psychologe erfuhr nicht mehr, wann sie sich traf, und nahm daher an den Sitzungen nicht mehr teil. Damit endete die Zusammenarbeit des Psychologen mit der Schule von B.C.

Bevor wir den Fall näher zu analysieren versuchen, sollten wir uns noch mit einigen Informationen beschäftigen, die den Psychologen im folgenden Schuljahr erreichten. Sie stammten teils aus der Presse und aus offiziellen Verlautbarungen der Provinzialverwaltung, teils von Lehrern, die dem Beratungszentrum »wohlgesonnen« waren:

— Während die Kommission noch arbeitete, beantragte die Schulleiterin — ohne zuvor irgend jemanden um Rat gefragt zu haben und in offenem Gegensatz zu den Bemühungen der Kommission — beim Ministerium den Abbruch des Schulversuchs für das Schuljahr 1973/74.

— Über die Aussetzung des Versuchs wurden die Lehrer von der Schulleiterin im September unterrichtet, nachdem sie das Programm bereits so gut wie fertiggestellt hatten. Gleichzeitig informierte die Direktorin sie über ihre eigene Versetzung an die Schule eines in der Nähe gelegenen Ortes, wo es »sehr viel ruhiger« zugehe.

— In der Schule von B.C. löste die Nachricht eine Art von Revolution

aus, es kam zwischen verschiedenen Lehrern zum Bruch und zu schweren Konflikten. Das Ministerium entsandte eine Inspektorin[25], die im Anschluß an eine Ortsbesichtigung den Schulversuch negativ beurteilte.
Unter der neuen Schulleiterin nahm die Schule wieder ihr traditionelles Aussehen an. Die jüngeren Lehrer wurden an andere Schulen versetzt, weil einige Planstellen gestrichen worden waren. Im März des folgenden Jahres erhielt der Psychologe die letzte Rückmeldung über die Situation in B.C.: Die neue Direktorin von B.C. hatte auf Einladung in einer anderen Mittelschule, die in der gleichen Provinz, aber in einer anderen Region lag, über den Schulversuch berichtet und ihr Urteil etwa folgendermaßen zusammengefaßt: »In B.C. ist der Versuch fehlgeschlagen, weil ein verrückter Psychologe die Schüler zur Unruhe anstiftete und die Lehrer zur Revolte gegen die Schulleiterin anstachelte.« Die Homöostase des Systems hatte — nach dem linearen Modell — in dem Psychologen ihren »identifizierten Patienten« gefunden.

Die Gründe und Umstände des Fehlschlages

Wenn wir die Vorgänge in B.C. betrachten, sehen wir uns mit der Realität eines komplexen sozialen Systems konfrontiert, dessen Teile zwar sämtlich erklärt hatten, daß sie zur Veränderung bereit seien, dann aber einen so tiefreichenden Konflikt heraufbeschworen, daß selbst die geringste Veränderung unmöglich wurde. Darüber hinaus hinderte der Konflikt das schulische System daran, auch nur auf der untersten Stufe der Effizienz zu funktionieren. Der Versuch, Veränderungen zu bewirken, alarmierte alle Teile, insbesondere Schüler und Eltern. Die negativen Auswirkungen, die die Neuerungen zeitigten, ließen sehr rasch die Überzeugung aufkommen, »daß es gefährlich ist, das Gleichgewicht des traditionellen Schulsystems zu verrücken«: Die Tendenz des Systems zur Homöostase war stärker als seine Fähigkeit zur Transformation.
Eine politische und damit leidenschaftliche (nämlich emotionale) Analyse der Vorgänge in B.C. würde bedeuten, daß wir uns an die traditionellen Kategorien der mechanistisch-kausalen Sicht der Dinge halten müßten. Wir wären dann gezwungen, uns auf die Suche nach dem Schuldigen, dem für den Fehlschlag Verantwortlichen zu machen, und würden so zu einer einseitigen Sicht gelangen. Für die »Linken« ist klar, daß der Versuch deshalb fehlgeschlagen ist, weil die autoritäre und selbstherrliche Schulleiterin die Einführung neuer didaktischer Formen verhindert und mit ihren Wunschträumen von »Ordnung und Disziplin« eine Weiterentwicklung von Reformen in der Schule von Anfang an boykottiert hat. Für die »Rechten« ist ebenso klar, daß der Versuch an dem kindischen und

ungeduldigen Extremismus der linken Lehrer scheitern mußte, die stur »alles sofort« wollten und sich eine Veränderung nur radikal und total vorstellen konnten. Auf diese Weise ist immer der andere der »Böse«: Mit dem Festhalten am linearen System und der Suche nach den Ursachen wird das Problem nur gelöst, indem sich die einzelnen Teile des Systems gegenseitig beschuldigen; eine globale Sicht der Phänomene wird damit unmöglich gemacht.

Aus der Sicht des Pragmatikers interessiert dagegen gerade das Resultat: Die Schule von B.C. ist beim Versuch, gewisse Veränderungen zu bewirken, zunächst in eine Krise geraten und in ihrem Funktionieren beeinträchtigt worden, anschließend hat sie sich wieder in ihrem traditionellen Gleichgewicht eingerichtet. Hier handelt es sich um einen pragmatischen Effekt – innerhalb des Systems behalten die homöostatischen Tendenzen die Oberhand; allerdings lassen sich diese Tendenzen bei einzelnen Mitgliedern des Systems nicht ausfindig machen. Wir können lediglich feststellen, daß in den wechselseitigen Beziehungen die negativen Rückmeldungen vorherrschten und schließlich den »Status quo ante« bewirkten. An diesem Ausgang ist auch der Psychologe beteiligt – was hier besonders interessiert, ist die Frage, was denn eigentlich bei der Intervention des Psychologen in B.C. nicht funktioniert hat.

Wir wollen diese Frage im einzelnen untersuchen: Der Psychologe trat in das System ein, als dieses sich mitten in einer »Funktionskrise« befand. Die Schule hatte selbständig eine Veränderung geplant, ohne sich außerhalb des Systems beraten zu lassen. Die Einführung der Ganztagsschule wurde von allen Mitgliedern des schulischen Systems von B.C. als eine Möglichkeit begrüßt, auf »magische Weise« das in Ordnung zu bringen, was jeder einzelne an dem System für schlecht, falsch oder ungesund hielt (wie wir wissen, handelte es sich dabei ausnahmslos um etwas, das mit »den anderen« zu tun hatte):

– Die Schulleiterin war überzeugt, daß das Vollzeitsystem die undisziplinierten Schüler und Lehrer »zur Raison bringen« und ihr selbst Gelegenheit geben würde, Ordnung in das Chaos der unterrichtsfreien Stunden zu bringen.

– Die »linken« Lehrer glaubten, das Vollzeitsystem werde sich gegenüber der autoritären Haltung der Schulleiterin als Bremse erweisen und ihnen Gelegenheit geben, endlich gewisse politische Ziele zu verwirklichen, die in der traditionellen Schule undenkbar waren (nichtselektives Vorgehen, interne Demokratie usw.).

– Die Eltern meinten, das Vollzeitsystem werde sie von dem Problem befreien, ihre Kinder zum Lernen anzuhalten – für diese Aufgabe würde in Zukunft allein die Schule verantwortlich sein. Und so weiter.

Es ist also ganz leicht, zu einer anfänglichen Übereinstimmung hinsichtlich dieser magischen Formel zu gelangen, die alle Schwierigkeiten zu lösen verspricht und alle Beteiligten zu Optimismus verführt. Alle glauben, die Veränderung sei leicht und ohne Erschütterungen zu bewerkstelligen, und zwar weil sie irrigerweise meinen, daß es ja die anderen seien, die sich ändern müßten; alle sind überzeugt, daß die Veränderung die eigene Position und die eigene Rolle innerhalb des Systems nicht berühren wird. Damit verstärken die einzelnen Mitglieder des Systems in dem Augenblick, in dem sie von der Fähigkeit des Systems zur Transformation überzeugt sind, gerade die homöostatische Tendenz, weil sie sich keine Rechenschaft darüber ablegen, daß jede Veränderung in einem der Mitglieder auf die anderen übergreift und notwendig verlangt, daß diese sich gleichfalls ändern. Diese Tatsache hat ihren Grund darin, daß innerhalb des Systems alle so agieren, »als ob« es sich nicht um ein System handelte und »als ob« Verhaltensweisen und Aktionen nicht als Kommunikationen erfahren würden.

In der Schule von B.C. waren sich alle in dem Wunsch einig, das Vollzeitsystem einzuführen, weil sie glaubten, damit jeweils bei den anderen Mitgliedern des Systems eine Veränderung zu bewirken. In dem Augenblick aber, in dem die Reform ins Werk gesetzt wurde, geriet die Schule von B.C. in die Krise, weil jeder Teil des Systems sich in Konflikt zu den übrigen Teilen setzte und sie beschuldigte, die Veränderung nicht mitzutragen. Alles blieb beim alten, nur die Ineffizienz nahm zu, denn der Konflikt sorgte dafür, daß niemand seiner Rolle mehr voll gerecht wurde: Wenn gestritten wird, kann keine Schule mehr gehalten werden.

In dem Augenblick, in dem die Schule in Kontakt mit dem Psychologen eintrat, entschied sie sich dafür, ihm die Rolle des »Mittlers« anzuvertrauen, was in der Praxis soviel hieß wie »Hilf uns bei der Veränderung.«

– Die Rolle, in der sich der Psychologe schließlich fand, entsprach nicht im geringsten der Rolle, die zu vollziehen die Institution ihn gerufen hatte. Zunächst ist zu sagen, daß alle Teile des Systems die Absicht hatten, den Psychologen als Stütze für ihre jeweiligen Thesen zu gebrauchen. Hinter der Botschaft »Hilf uns bei der Veränderung« steckte in Wahrheit ein nicht aussprechbares »Sag, daß ich recht habe!«

– Wie alle Schulen wies auch die Schule von B. C. als Institution eine Anzahl hierarchischer Ebenen auf. Der Psychologe, der von der Leiterin als der obersten Autorität der Schule gerufen worden war, stand damit auf der gleichen Ebene wie diese und mußte deshalb eine Allianz mit ihr eingehen, um überhaupt in irgendeiner Weise vermitteln zu können.

– Wie wir bereits sahen, waren dem Psychologen die Probleme der Schule bei seinem ersten Auftreten überhaupt nicht klar, denn das System hatte zunächst den Konflikt als ein Problem »technischer Art« präsentiert und nicht als ein Problem, das in den Beziehungen begründet war.

— In B.C. handelte es sich um ein offenes und erweitertes System, dessen Veränderungen gewaltige Auswirkungen auf das größere schulische und soziale System nach sich ziehen mußten. Der Gedanke ist absurd, daß sich ein derartiges System in der Konfrontation mit einer einzelnen Person, auch wenn es sich um einen Psychologen handelt, im Sinne der therapeutischen Beziehung *eine Stufe tiefer* begeben könnte. Niemand, der seine Fähigkeiten realistisch einschätzt, kann ernsthaft glauben, er könne ein erweitertes schulisches System in seine Kontrolle bringen und einen therapeutischen Kontext für dieses System schaffen[26].

Dennoch versuchte der Psychologe in B.C. vermittelnd in das System einzugreifen. Oder besser gesagt, der Psychologe wurde vom System dazu gebracht, die Rolle des Mittlers im Konflikt anzunehmen. Damit war er nicht nur für den Mißerfolg programmiert, sondern auch für die Rolle des Sündenbocks. Auf diese Weise wird aus dem vermeintlichen Therapeuten der »identifizierte Patient«, der die Homöostase des Systems garantiert[27].

Daß am Ende die *Ursache* für das Fehlschlagen des Versuchs in B.C. in der Person des Psychologen gesehen wurde, paßt genau in dieses Schema[28].

24
Der schwierige Schüler. Beispiel einer mißlungenen Intervention

Ein Psychologe, der bei einer Beratungsstelle tätig ist, wird vom Klassenrat gebeten, den Fall eines schwierigen Schülers mitzudiskutieren. Der Klassenrat tritt zusammen; die Lehrer, die in dieser Klasse unterrichten, sind nahezu vollzählig anwesend. Auch der Direktor ist gekommen, aber er verläßt den Raum häufig, da er ans Telefon gerufen wird, weil Eltern ihn persönlich sprechen wollen oder aus anderen Gründen. Das Beraterteam, das in diesem Fall aus dem Psychologen und der Sozialarbeiterin besteht, sieht in diesem Verhalten des Schulleiters ganz zu Recht eine ablehnende Einstellung (»Ich habe Wichtigeres zu tun!«), aber es bleibt ihm nichts anderes übrig, als sich diesem Umstand zu fügen. Im Klassenrat wird der Fall des Schülers Numeroli besprochen, der bereits einmal sitzengeblieben und im Augenblick wegen mangelnder Disziplin vom Unterricht ausgeschlossen ist.

Alle Lehrer klagen über das schlechte Betragen des Schülers: Er paßt nicht auf, er stört, er ist unruhig, er sucht Streit, er provoziert seine Umgebung. Allerdings teilen nicht alle Lehrer die Auffassung, der Schüler sei »untragbar«. Der Schulleiter weist sehr nachdrücklich darauf hin, daß der Schüler häufig gegen die Disziplin verstößt. Einige Lehrer berichten, was sie – mehr oder weniger erfolglos – dagegen unternommen haben. Ab und zu taucht eine psychiatrische Diagnose auf (»Der ist doch geistesgestört!«). Die Diskussion macht die Spaltung unter den Lehrern deutlich. Der Psychologe fragt die Anwesenden, wie sie in der nächsten Zukunft verfahren wollen. Ein Lehrer weist darauf hin, daß er mit seiner festen und unnachgiebigen Haltung dem Schüler gegenüber zwar allein steht, aber durchaus Erfolg hat; auch andere empfehlen repressives Verhalten, um »den Jungen in die Wirklichkeit zurückzuholen«.

Da die bisherigen Bemühungen nicht zum Erfolg geführt haben, schlägt der Psychologe den Lehrern vor, den Schüler ganz systematisch zu beobachten. Jeder von ihnen soll in der kommenden Woche das störende Verhalten des Schülers im einzelnen festhalten und dabei auch notieren, in welcher Situation und nach welchen Geschehnissen das Störverhalten auftritt oder eingestellt wird. Diese Beobachtungen sollen möglichst schriftlich und in der richtigen Reihenfolge festgehalten werden. Anhand von Beispielen erklärt der Psychologe auch noch, wie dieses »Protokollieren« am besten vor sich gehen kann. Es sieht ganz so aus, als seien die

Lehrer mit den Vorschlägen des Psychologen einverstanden. Inzwischen hat der Schulleiter die Sitzung endgültig verlassen. Es wird ein weiteres Treffen vereinbart, bei dem die Ergebnisse der Beobachtung ausgewertet werden sollen.
In der folgenden Woche, in der der Schüler wie beschrieben beobachtet werden soll, spricht die Sozialarbeiterin mit den Eltern. Sie erfährt, daß der Schüler ein Adoptivkind ist und seit seiner frühesten Kindheit Anpassungsschwierigkeiten gezeigt hat. Der Vater ist schwer krank.
Am festgesetzten Tag tritt der Klassenrat wieder zusammen, aber diesmal fehlt fast die Hälfte der Lehrer. Auf die Frage des Psychologen nach den beobachteten Verhaltensweisen erklärt nur ein einziger Lehrer, daß er das Verhalten des Schülers Numeroli festgehalten habe, wie man es vereinbart hat. Der Schulleiter antwortet vage, daß der Junge »allmählich zur Vernunft komme« und die Schwierigkeiten geringer geworden seien. Es schließt sich eine Diskussion der einzelnen Standpunkte an, bei der nicht das Geringste herauskommt. Enttäuscht darüber, daß seine Anweisungen nicht befolgt worden sind, und offensichtlich entwaffnet beschränkt sich der Psychologe auf die Bemerkung, daß das Problem ja anscheinend gar nicht mehr bestehe, da ihm keine weiteren Mitteilungen darüber gemacht worden seien. Er fordert die Lehrer in allgemeinen Wendungen auf, ihre Haltung beizubehalten, ohne diese Empfehlung irgendwie zu konkretisieren; er sagt, daß er im Fall dieses Schülers natürlich weiter zur Verfügung stehe und übrigens auch ein Gespräch mit ihm vereinbart habe. Das Gespräch findet dann auch statt, aber weder die Unterredung selbst noch die verschiedenen Tests, denen sich der Schüler unterziehen muß, bringen irgendein interessantes Ergebnis. Von seiten des Schulleiters und der Lehrer *kommt keine weitere Mitteilung*. Allerdings hat der Schüler weiterhin Schwierigkeiten, sich in die Klasse einzufügen. Am Ende des Schuljahres stellt sich heraus, daß er das Klassenziel nicht erreicht hat.

Kommentar

Im Zusammenhang mit dem Fall Numeroli müssen zwei Umstände näher betrachtet werden. Dabei handelt es sich zum einen um die starke homöostatische Tendenz der Institution Schule. Durch die Möglichkeit, »Abweichler« auszuschließen, an den Rand zu drücken oder unter Zwang in das System zu integrieren, erhält sich diese Tendenz immer weiter am Leben. Zum anderen geht es um die Fehler, die der Psychologe bei seiner Intervention begangen hat und die die homöostatische Tendenz des Systems noch begünstigt haben.
1. Einerseits verlangte die Schule, daß der Psychologe sich des »fehlange-

paßten« Schülers annehmen solle. Als der Psychologe in seine Bemühungen aber die Lehrer mit einschloß — insofern er nämlich durch eine systematische Analyse aufzeigen wollte, daß die Schwierigkeiten in den im System bestehenden Beziehungen gründeten —, reagierten die Lehrer in der Weise, daß sie einfach keine Schwierigkeiten mehr vortrugen. Darin wird eine latente Absicht erkennbar, die in Widerspruch zu dem deutlich erklärten Vorsatz steht, sich im Interesse des Schülers mit dem Problem zu beschäftigen (das hätte allerdings entsprechende Aktionen zeitigen müssen). Hier zeigt sich einer der paradoxen Aspekte in der Beziehung zwischen der Schule und dem Psychologen. Die Schule erklärt zwar, man wolle das Problem gemeinsam angehen, aber sie erwartet, daß der Psychologe sich in seiner Beschäftigung mit dem »fehlangepaßten Schüler« nach Kriterien richtet, die sie ganz allein bestimmen will. Sobald der Psychologe den Kontext erweitert und die Lehrer einzuschalten versucht — und sei es auch nur, um die Aufzeichnung der jeweiligen Verhaltens- und Interaktionsweisen zu erbitten —, *wird der Fall nicht länger als Problem dargestellt.*
2. Bei der Kontaktaufnahme mit der Schule erklärte das Team sinngemäß folgendes: »Wir nehmen an den Zusammenkünften des Klassenrates teil und werden uns in diesem Kontext mit dem Problem der Fehl- oder Nichtanpassung von Schülern beschäftigen.« Es erwies sich, daß diese Worte als allgemeine Absichtserklärung aufgefaßt wurden, die keineswegs den Erwartungen an die »magischen« Kräfte des Psychologen zuwiderliefen. Schulleiter und Lehrer machten sich diese scheinbare Allgemeinverbindlichkeit zunutze: Ihre Erwartungen, wenn sie auch nicht deutlich so formuliert waren, lauteten dem Sinn nach folgendermaßen: »Du bist derjenige, dem wir den schwierigen Schüler übergeben; deine Aufgabe ist es nun zu ermitteln, aufzudecken und zu heilen; wenn du ihn erst zur Einsicht gebracht hast, werden wir dafür sorgen, daß er sich in das schulische Leben einfügt.«
In Wirklichkeit legten also der Schulleiter und die Lehrer gemeinsam die Regeln der Beziehung fest und setzten sich dabei über die verbalen Erklärungen des Psychologen hinweg.
Dagegen hatte der Psychologe von Anfang an vor, sich der Definition seiner Rolle, wie sie vom Direktor und den Lehrern vertreten wurde, nicht anzuschließen. Er hatte diese Absicht aber nicht deutlich gemacht, etwa durch die entgegengesetzte Definition der Beziehung: »Ich bin nicht der, der den schwierigen Schüler ›anpaßt‹, sondern vielmehr der, der euch durch die eingehende Betrachtung eurer Arbeitsweise in seine Intervention einbezieht.« Diese Unterlassung mußte zwangsläufig Ablehnung hervorrufen. Sie manifestierte sich darin, daß die Lehrer den Anweisun-

gen des Psychologen nicht Folge leisteten und großenteils nicht an der nächsten Zusammenkunft des Klassenrates teilnahmen. Der Schulleiter brachte den Psychologen in Mißkredit, indem er sich über dessen Anweisungen hinwegsetzte (er verließ z. B. den Raum). Anschließend wertete er den gesamten Kontext ab, indem er behauptete, das Problem existiere gar nicht. So kam es zu dem Paradoxon, daß der Psychologe, der ja gerufen worden war, um ein Problem zu beseitigen, sich jede Möglichkeit zu fruchtbarem Tun verbaut hatte. Die Forschungsgruppe kam zu folgenden Ergebnissen:

1. Wenn der Psychologe *passiv* hinnimmt, daß die Schule ihn mehr oder weniger deutlich als Magier etikettiert, und dann dementsprechend vorgeht (nämlich Einzelgespräche, Tests usw. durchführt), dann wird er in der Regel scheitern. Sein Scheitern erlaubt es den Lehrern, ihn dafür *schuldig* zu sprechen, daß er es nicht verstanden hat, den »Abweichler« gefügig zu machen.

2. Wenn (wie im geschilderten Fall) der Psychologe sich weigert, das Etikett des Magiers anzunehmen und den Schüler nicht »übernimmt«, sondern seinerseits Fragen an seine Auftraggeber, die Lehrer, stellt – und zwar *ohne zuvor* klar und unmißverständlich *die Beziehung definiert zu haben,* die zwischen ihm und der schulischen Struktur bzw. zwischen ihm und den Lehrern besteht –, dann hat er sich über die Erwartungen der Lehrer hinweggesetzt. Er stößt auf Weigerung und Ablehnung, das Gespräch über den Schüler verstummt: seine Anwesenheit erweist sich als unnötig.

Die Forschungsgruppe war sich darüber im klaren, daß beide obengenannten Verhaltensweisen unweigerlich zu einer Situation führen würden, in der der Psychologe nicht das Geringste mehr unternehmen konnte. Es mußte also ein dritter Weg erkundet werden. So entstand der Gedanke an eine klare, vertraglich festgelegte und von allen Seiten akzeptierte »Prädefinition« der Möglichkeiten und Vorgehensweisen des Psychologen.

25

Der Versuch, das Beraterteam in die Modellschule zu integrieren: Ein Teilerfolg

Die Situation

Als das Vollzeitsystem in der Mittelschule von X, einem größeren Ort in der Lombardei, eingeführt wurde, herrschte dort eine sehr verworrene Situation. Der Antrag an das Ministerium ging vom Schulleiter aus, einem sehr aktiven und fähigen Mann und einem ausgesprochen »politischen« Kopf. Das Ministerium genehmigte den Versuch, aber noch vor Beginn des neuen Schuljahres wurde der Schulleiter an eine andere Schule versetzt. Die neue kommissarische Leiterin war anfangs gegen den Versuch; als sie die damit verbundenen Vorteile entdeckte (Zuschüsse für Lehrmaterial u. a.), setzte sie ihn gegenüber den Lehrern durch. Das Beraterteam entdeckte rasch, daß die zwischenmenschlichen Beziehungen in dieser Schule einer erfolgreichen Zusammenarbeit nicht dienlich waren. Die Direktorin ging jeweils kurzlebige Allianzen mit dem einen oder anderen Lehrer ein, um andere Mitglieder des Kollegiums zu isolieren, die ihrer Meinung nach ihre Vormachtstellung bedrohten; die Lehrer erkannten die Verworrenheit der Situation und machten sie sich zum Teil zunutze. Einige verschafften sich gewisse Vorteile, was den Stundenplan betraf (Konzentration der zu leistenden Unterrichtsstunden auf wenige Tage, um dadurch mehr freie Tage zu erhalten), deshalb stellten sie sich kaum jemals offen gegen die Schulleiterin oder ihre Kollegen. Verzerrte Kommunikationen nahmen ihren Weg hauptsächlich über informelle Kanäle: Informationen wurden in kleinen Grüppchen oder während eines kurzen Gesprächs auf dem Korridor ausgetauscht. Das Beraterteam erklärte seine Bereitschaft zur Zusammenarbeit, wurde aber von der Leiterin nach Möglichkeit von der Schule ferngehalten. Zur Unterrichtsplanung und zu den Zusammenkünften der Kollegen wurden die Berater nicht hinzugezogen. Die Direktorin rief sie nur dann, wenn sie in einer belanglosen Sache ihren Rat hören oder aber ihnen Fälle von »schwierigen Schülern« melden wollte.

Die Intervention

Einige Monate nach Beginn des Schuljahres, im Januar, schlug die Schulleitung den Mitarbeitern des Beratungszentrums vor, eine Reihe von Studiengruppen zusammenzustellen. Der Vorschlag wurde unter der Bedingung angenommen, daß man ihn zuvor mit den Lehrern besprechen

könne. Mitte Februar kam es dann zu einer Zusammenkunft zwischen den Lehrern und den Mitarbeitern des Beratungszentrums.
Bei diesem Treffen wurde zunächst das Team vorgestellt. Es bestand aus dem Psychologen, einer Sozialarbeiterin und einer Schullaufbahn- und Berufsberaterin. Das Bild, das das Team dabei von sich selbst zeichnete, geriet etwas vage; deutlich wurde nur erklärt, was man *nicht* vorhatte (Reihenuntersuchungen, individuelle Behandlung usw.). Dagegen wurde nur sehr allgemein über die Bemühungen um eine Veränderung in der Schule und um neue Formen der Erziehung gesprochen.
Anschließend kam die Frage der Studiengruppen zur Sprache. Im Einvernehmen mit einem Teil der Lehrer verlangte die Direktion, daß die Beteiligung an diesen Gruppen obligatorisch sein müsse. Die Mitarbeiter des Beratungszentrums versuchten, sich gegen diese Forderung zu stellen, da es ihnen aber nicht gelang, eine andere Linie durchzusetzen, fügten sie sich schließlich den Anweisungen der schulischen Autorität.
Nun bildeten die Lehrer verschiedene Gruppen, die sich jeweils ein bestimmtes Thema zur Bearbeitung stellten. Die Gruppen trafen sich einmal pro Woche und arbeiteten mehr als zwei Monate lang. Die Schulleiterin unterstützte die Arbeit der Gruppen nicht; ihr Interesse galt allein den formalen Ergebnissen, die »ihrer« Schule zu besonderem Ansehen verhelfen konnten. Lehrer und Berater bewerteten die gemeinsam geleistete Arbeit am Ende des Schuljahres zumindest teilweise als positiv. Sie vereinbarten ein weiteres Treffen im September, bei dem ein Arbeitsplan für das neue Schuljahr aufgestellt werden sollte.

Kommentar

Bei der Diskussion in unserer Forschungsgruppe wurde deutlich, daß es im Grunde nur ein einziger Umstand innerhalb der komplexen Situation der Schule von X war, an dem man tatsächlich nicht vorbeikonnte: die außerordentlich delikate und dysfunktionale Beziehung zwischen den einzelnen Lehrern bzw. zwischen Lehrern und Schulleiterin. Alle übrigen Schwierigkeiten hätte man gar nicht hinnehmen dürfen, sondern systembezogen analysieren und in pragmatischer Weise angehen müssen. Das war aber nicht geschehen. Das Team hatte geradezu demütig darum nachgesucht, sich an der Arbeit beteiligen zu dürfen, und dies, ohne irgendeine Gegenleistung zu erhalten:
— Es hatte sich mit zu dürftigen und ungenauen Arbeitshypothesen eingeführt und seine Möglichkeiten und Grenzen nicht eindeutig aufgezeigt;
— es war von seinen Grundsätzen (nicht-obligatorischer Charakter der Studiengruppen) abgewichen;

— es hatte schwache und unzureichende Kommunikationswege benützt (verbale Kommunikation bei den Zusammenkünften des Kollegiums).
Damit hatte das Team im Grunde die Manipulationen der Schulleiterin und die Vorteile und Privilegien bestimmter Lehrer noch unterstützt.
Dennoch führte die Diskussion in der Gruppe zu einem positiven Ergebnis. Das Team hatte durch seine Tätigkeit immerhin erste Ansätze zu einer Veränderung in das »System Schule« hineingetragen, und zwar durch eine Art des kreativen Vorgehens, wie es bisher dort noch nie erprobt worden war. Dieser Ansatz hatte zumindest die Möglichkeit fruchtbarer Arbeit in der Zukunft eröffnet. Das Team hätte sich diese Aussicht im richtigen Augenblick zunutze machen, den Lehrern einen genaueren Plan für die Zusammenarbeit im folgenden Schuljahr unterbreiten und dafür sorgen müssen, daß sie dem Projekt tatsächlich zustimmten.

26
Beispiel einer geglückten Neudefinition der Beziehung

Die Leiterin einer Mittelschule wandte sich mit der Bitte an eine Psychologin, so rasch wie möglich ein EEG von einem bestimmten Schüler anfertigen zu lassen, weil diese Untersuchung ihrer Meinung nach notwendig war. Sie wollte der Familie die finanzielle Belastung ersparen und war der Meinung, das EEG könne kostenlos bei der Dienststelle angefertigt werden, bei der die Psychologin beschäftigt war. Bevor wir die näheren Umstände erläutern, muß kurz auf die Art der Beziehung hingewiesen werden, die zwischen der Schulleiterin und der Psychologin bereits bestand.

Die Schulleiterin war an einer ungünstig gelegenen und sehr kleinen Schule tätig, hatte diesen Arbeitsplatz aber wegen der geringen Schülerzahl ganz bewußt anderen Möglichkeiten vorgezogen. Ihre administrativen Aufgaben waren daher nicht allzu umfangreich, und sie widmete den größten Teil ihrer Zeit den einzelnen Klassen und den Schwierigkeiten und Problemen der Schüler. Gegenüber der Psychologin rühmte sie sich dieser eingehenden Kenntnis der schulischen Population sehr lautstark und behauptete auch, sie wisse immer, was in der jeweiligen Situation zu tun sei. Da sie sich aber aufgrund ihrer vielfältigen Obliegenheiten doch nicht persönlich um alles und alle kümmern könne, so sagte sie weiter, wolle sie die Hilfe der Psychologin dankbar annehmen. In Wahrheit ließ sie der Psychologin nicht den geringsten Raum für eigene Initiativen. Sie benutzte sie ausschließlich als Zuhörerin für ihre ausgedehnten Monologe über Schüler und Lehrer. Die Lehrer wiederum hielten sich an die vorgeschriebene Linie und beschränkten ihre Kontakte mit der Psychologin auf ein Mindestmaß.

Der Verlauf der Unterredung

Die Schulleiterin war nach ihren eigenen Worten sehr intensiv mit dem Fall Cucchi beschäftigt, der ihr vom Literaturkundelehrer vorgetragen worden war. Der Fachlehrer hatte zahlreiche »Lücken« im Wissensstand des Schülers entdeckt, von denen sich die Schulleiterin auch persönlich überzeugt hatte. Die Eltern des Schülers waren der Einladung zu einem Gespräch nicht nachgekommen, und die Direktorin wunderte sich auch nicht darüber, denn nach ihren Worten handelte es sich um arme Landarbeiter, die weit entfernt wohnten, kaum Kontakt mit anderen Menschen

hatten und sich sicherlich nicht für die schulischen Leistungen ihres Kindes interessierten. Da man sich also auf das Interesse und Verantwortungsgefühl der Familie kaum verlassen könne, müsse die Schule entsprechend tätig werden und die notwendigen Untersuchungen durchführen. (Tatsächlich übernahm die Schule insofern die Verantwortung, als sie für den »Fall« Cucchi ein Etikett wünschte – das des »Andersartigen« –, das sie von der eigentlichen Verantwortung befreien sollte.)
Die Psychologin wollte gerne Genaueres erfahren und erkundigte sich im einzelnen nach dem Verhalten des Schülers. Die Direktorin sagte, sie habe in zwanzig Dienstjahren einen solchen Fall noch nie erlebt, und erging sich dann in weitschweifigen, im Grunde aber nichtssagenden Ausführungen. Schließlich deutete sie an, daß der Junge viele Worte nur zur Hälfte niederschreibe. Sie »schwenkte« dann eine seiner schriftlichen Arbeiten herum und las hier und da ein unvollständiges Wort daraus vor.
Die Psychologin fragte nach dem Thema der Arbeit und danach, wie der Junge die Aufgabe insgesamt gelöst habe. Die Schulleiterin konnte die Frage nicht sogleich beantworten, da sie den Text nicht vollständig gelesen hatte. Die Psychologin schlug vor, sie selbst wolle den Text jetzt gleich lesen und dabei (dies sagte sie in scherzendem Ton) eine kleine Änderung vornehmen: Sie werde die Worte so vorlesen, als ob sie vollständig ausgeschrieben seien. Nach der Hälfte der Lektüre wurde sie von ihrer Gesprächspartnerin mit der Bemerkung unterbrochen, daß der Junge offensichtlich geistig ganz gesund sei, da er sein Thema doch sprachlich gewandt und mit der nötigen Einfühlung behandele. Schließlich fragte sie die Psychologin im Ton aufrichtigen Interesses, wie das Phänomen zu erklären sei, das sie hier beide vor Augen hatten, und was die Psychologin zu seiner Bewältigung vorschlage. Das war der Beginn einer echten, anhaltenden und fruchtbaren Kommunikation zwischen den beiden Gesprächspartnerinnen.

Kommentar

Die Schulleiterin hatte der Psychologin ein präzises Anliegen vorgetragen und rechnete damit, daß ihrer Bitte rasch entsprochen würde. In diesem Zusammenhang ist folgendes zu beachten:
– Der Fall wurde nicht in der üblichen Weise vorgetragen (das heißt, es wurden keine Fakten dargelegt, sondern es wurden sogleich praktische Maßnahmen erbeten);
– die Schulleiterin versuchte gar nicht erst, ihre führende Position zu verschleiern (sie hätte beispielsweise etwas subtiler vorgehen und sich zunächst nach der sachverständigen Meinung ihrer Gesprächspartnerin erkundigen können);

— sie ging ganz selbstverständlich davon aus, daß sie eine Diagnose des Falles auch allein vornehmen könne und die psychologische Beratung nur aus formal-organisatorischen Gründen, nämlich zur endgültigen Formulierung des Befundes, in Anspruch nehmen müsse.

Die Psychologin ihrerseits hatte schon wiederholt erlebt, daß die Schulleiterin sie in eine ausweglose Situation gedrängt und ihr damit die Hände gebunden hatte. Sie hatte über diese Erfahrungen auch mit den übrigen Mitgliedern der Forschungsgruppe gesprochen. Diesmal wollte sie sich anders verhalten:

— Sie wollte aus der Sackgasse entkommen, indem sie die von der Schulleiterin diktierte Definition ihrer wechselseitigen Beziehung nicht einfach hinnahm;

— sie wollte es gar nicht erst dahin kommen lassen, daß die Meinungen und Vorschläge der Schulleiterin in den Mittelpunkt rückten, denn das hätte nur zu einer unergiebigen symmetrischen Rivalität geführt;

— sie wollte die Situation anders einordnen, als dies von der Schulleiterin vorgesehen war.

Auf diese Weise wollte die Psychologin den Zustand der Unterlegenheit überwinden, in dem sie sich gegenüber der Direktorin befand, und umgekehrt einen Kommunikationsprozeß in Gang setzen, der beiden Beteiligten ihre wechselseitige Anerkennung im Rahmen einer Zusammenarbeit ermöglichen würde, die nicht durch bereits zuvor festgelegte Bedingungen eingeschränkt wäre. Tatsächlich gelang es der Psychologin durch ihre neue Einordnung der Situation, das Moment der Rivalität (das an der Definition der Beziehung festgemacht war) zu bannen: Sie sorgte nämlich dafür, daß sich die Aufmerksamkeit auf den eigentlichen Inhalt ihrer Bemühungen, auf den Jungen, verlagerte. Dieser gewann durch seinen Schulaufsatz eine eigene und interessante Physiognomie, die von der Schulleiterin gar nicht geleugnet werden konnte. Schließlich wurde auch die Beziehung zwischen der Psychologin und der Schulleiterin neu definiert und strukturiert. Die Psychologin ging auf die Fragen der Schulleiterin mit einer Reihe von Empfehlungen und Anregungen ein, die schließlich zu einer anderen Einstellung führten. Es ist wohl unnötig zu bemerken, daß der Schüler Cucchi sich weder einem EEG unterziehen noch die Karriere des Devianten (des »Abweichlers«) beginnen mußte. Mit der Neudefinition der Beziehung zwischen der Psychologin und der Schulleiterin war der Weg zu fruchtbarer Kommunikation geebnet.

Eine Psychologin, die gerade ihre erste Stelle als Mitglied eines schulpsychologischen Teams angetreten hatte, traf gleich an ihrem ersten Arbeitsplatz auf große Schwierigkeiten. Ihre Vorstellungen, wie die Zusammenarbeit mit der Direktorin dieser Mittelschule und mit den Lehrern aussehen und welche Initiativen man ergreifen könne, um den schlimmsten Mißständen in der Schule zu begegnen, wurden gar nicht berücksichtigt.

27
Ein Streit und seine Beilegung

Sie war es leid, immer wieder Vorschläge zu formulieren, die zu nichts führten, und wollte außerdem ihre Position in der Schule endlich klären. Deshalb nutzte sie eine Gelegenheit, die sich gerade bot, nämlich die Programmgestaltung eines Fortbildungskurses für die Lehrer. Auf einer eigens zu diesem Zweck einberufenen Versammlung schlug die Psychologin vor, ohne ihren Plan zuvor mit der Schulleiterin besprochen zu haben – also unter Nichtbeachtung der hierarchischen Ordnung –, die Lehrer sollten ihren Fortbildungslehrgang in eigener Regie gestalten. Die Schulleiterin präsentierte ein anderes Projekt auf der traditionellen Grundlage von Vorlesungen und Vorträgen. Beide Frauen wurden jeweils von einem Teil des Lehrkörpers unterstützt, so daß sich im Kollegium zwei oppositionelle Fraktionen bildeten. Schulleiterin und Psychologin gerieten in einen erbitterten Streit. Die Versammlung endete mit der Drohung der Schulleiterin, daß sie die Leiterin der Beratungsstelle aufsuchen und ihr Meldung über das Verhalten der Psychologin machen werde. Die Leiterin der Dienststelle, die von der Psychologin sofort über die Vorgänge informiert wurde, riet dieser, jede Mitarbeit in der Schule bis zu dem Augenblick einzustellen, in dem sie selbst mit der Schulleiterin gesprochen habe – die sich zweifellos sehr bald bei ihr melden werde. Tatsächlich telefonierte die Direktorin kurz darauf mit der Leiterin und bat sie, entsprechende Schritte gegen die Psychologin zu unternehmen, deren unbotmäßiges Verhalten ihrer Meinung nach disziplinarische Maßnahmen rechtfertige. Die Dienststellenleiterin wollte die Situation nicht telefonisch besprechen und lud daher die Schulleiterin zu einem Gespräch ein.

Überlegungen vor dem Gespräch

Für die Dienststellenleiterin ergaben sich in diesem Zusammenhang mehrere Schwierigkeiten:

a) Wie die Psychologin war auch sie der Ansicht, daß die Gestaltung des Kurses eher Sache der Lehrer selbst sein sollte (dieses Prinzip war bestimmend für die Tätigkeit der Dienststelle überhaupt). Allerdings stellte sie auch fest, daß es durch die Eskalation in den Beziehungen zwischen Schulleiterin und Psychologin zu einer starren symmetrischen Interaktion über die Frage gekommen war, *wer* berechtigt sei, die Regeln der Organisation festzulegen. Das Problem der Definition der Beziehung schien inzwischen sehr viel wichtiger als die Frage nach den Modalitäten des Fortbildungskurses.

b) Sie begriff, daß es für die Schulleiterin sehr schwierig sein mußte, neue Vorstellungen (wie die eines von den Lehrern selbst gestalteten Kurses) zu akzeptieren, die ihre formale Autorität ins Wanken brachten. Sie wollte aber nicht tun, was die Schulleiterin am liebsten von ihr verlangt hätte, nämlich als Vorgesetzte die Psychologin zu sich rufen und bestrafen.

c) Sie wollte die taktische Allianz sowohl mit der Direktorin als auch mit der Psychologin aufrechterhalten, wußte aber nicht, wie sie der implizit vorgetragenen Bitte der beiden entsprechen sollte; jede der beiden Gegnerinnen wollte sie natürlich auf der eigenen Seite wissen.

d) Sie überlegte, ob die Psychologin bei ihrem Gespräch mit der Direktorin ebenfalls anwesend sein sollte.

Alle diese Probleme wurden in der Forschungsgruppe besprochen.

Die Empfehlungen der Forschungsgruppe

Die Diskussion in der Gruppe führte zu folgenden Empfehlungen für das Gespräch mit der Schulleiterin:

a) Diese sollte allein zu dem Gespräch empfangen werden. So würde man die sonst unvermeidliche Entstehung eines Kontextes der richtenden Beurteilung durch die Anwesenheit einer Dienststellenleiterin, die zum »Richten« aufgerufen ist, umgehen können;

b) die Schulleiterin sollte genau angehört werden; ihre schwere Verantwortung und ihre Erwägungen im vorliegenden Fall mußten positiv bewertet werden, um sie nicht in erbitterte Selbstverteidigung zu treiben;

c) die Vorwürfe, die sie der Psychologin machte, sollten kommentarlos und neutral aufgenommen werden. So war gewährleistet, daß es weder zu einer Koalition gegen die Psychologin noch zur Entstehung einer ableh-

nenden und herausfordernden Haltung gegenüber der Schulleiterin kommen würde;
d) es sollte spontan technische Hilfe und Unterstützung für den geplanten Kurs angeboten werden. Damit wäre das Risiko umgangen, daß die Schulleiterin von sich aus die Beziehung definieren würde;
e) es sollte eine praktikable, klare Lösung entwickelt werden, die von beiden Seiten bejaht werden konnte. Schließlich mußte ein schriftlicher Vertrag geschlossen werden.
Für das Vorgehen mit der Psychologin schlug die Gruppe folgendes vor:
a) Sie sollte im Anschluß an das Gespräch ebenfalls gerufen werden, und die Dienststellenleiterin sollte ihr erklären, welche Motive der taktischen Allianz mit der Schulleiterin zugrunde lagen;
b) es mußte ihr klargemacht werden, daß die Probleme, wie sie sich aus der Interaktion mit der Schulleiterin und den übrigen Mitarbeitern der Schule in diesem Kontext ergeben hatten, noch gründlich untersucht werden mußten.

Das Gespräch mit der Schulleiterin

Im Verlauf der Zusammenkunft hatte die Direktorin Gelegenheit, sich weitschweifig über ihre Arbeitsbelastung und ihre Sorgen und Befürchtungen zu äußern, insbesondere was die Fortbildung derjenigen Lehrer anging, die einer Veränderung weniger aufgeschlossen gegenüberstanden. Die Dienststellenleiterin brachte der Schulleiterin gegenüber ihr Interesse an deren Sorgen und Nöten zum Ausdruck, wobei sie darauf achtete, daß sie die wichtigsten Punkte, die die Schulleiterin vorgetragen hatte, noch einmal, und zwar in positivem Sinne, formulierte. Dadurch fühlte sich die Schulleiterin befriedigt und anerkannt.
Was den Konflikt mit der Psychologin anging, so gelang es der Dienststellenleiterin, die wichtigsten Aspekte der beiden unterschiedlichen Standpunkte in einer Art Synthese zusammenzufassen: Die Schulleiterin, die rasch konkrete Ergebnisse erzielen mußte, hätte die noch unentschlossenen Lehrer am liebsten zur Weiterbildung gezwungen, während es der Psychologin, die von längeren Zeiträumen ausging, auf eine breitere Beteiligung der Lehrer am Prozeß der Weiterbildung ankam.
Im weiteren Verlauf der Besprechung mußte die Schulleiterin schließlich einräumen, daß es ein außerordentlich schwieriges Unterfangen sei, die widerstrebenden Lehrer zur Änderung ihrer Einstellung zu zwingen. War es denn wirklich nötig, daß sie sich in dieser Weise abquälte? Könnte man nicht noch einen anderen Weg finden, um das Ziel zu erreichen? Welcher Art waren denn die Schwierigkeiten, die auf die Schulleiterin zukamen, falls sie auf den Ruf der Lehrer nach mehr Autonomie einging und ihnen

angemessene Möglichkeiten zugestand, ohne dabei auf die Kontrolle der Situation zu verzichten?
Nachdem über diese erste Notwendigkeit, nämlich das Zugeständnis an die Lehrer, ab sofort eigene Initiativen zu entwickeln, eine Einigung mit der Schulleiterin erzielt war, schlug die Dienststellenleiterin vor, den Fortbildungskurs unter Einbeziehung der Lehrer und der Psychologin in drei Phasen zu programmieren:
— In der ersten Phase sollten Fachleute eine Reihe von Vorträgen halten; die jeweiligen Themen sollten von der Schulleiterin vorgeschlagen und mit den Lehrern abgestimmt werden. Die Entscheidung über Zeitpunkt und äußeren Ablauf sollte jeweils bei der Schulleiterin liegen. Aufgabe der Psychologin sollte es sein, den jeweiligen Referenten zu gewinnen;
— in der zweiten Phase sollte es den Lehrern gestattet werden, selbst Studiengruppen zu bilden, um die in den Vorträgen behandelten Themen nach eigener Wahl zu vertiefen. Die Psychologin sollte dabei die Führung der einzelnen Gruppen übernehmen;
— schließlich sollte in der dritten Phase die Anfangssituation wieder aufgenommen, das heißt, in gemeinsamen Sitzungen sollten die neuen Erfahrungen besprochen und geprüft werden. Anschließend sollte ein Plan für die praktische Anwendung des Gelernten aufgestellt werden.
Die Schulleiterin äußerte ihre Zufriedenheit und ihr Einverständnis. Zum Abschluß erklärte sie, sie fühle sich sehr erleichtert. Die Dienststellenleiterin sandte ihr die getroffenen Vereinbarungen in schriftlicher Form zu.

Das Gespräch mit der Psychologin

Die Psychologin wurde von den Abmachungen mit der Schulleiterin in Kenntnis gesetzt. Wenn sie auch innerlich noch nicht imstande war, dieser gegenüber neutral zu sein, so erklärte sie sich doch damit einverstanden, das Kursprogramm mit ihr durchzusprechen und ihr — entsprechend ihrer Position in der schulischen Hierarchie — die *Führung* zu überlassen. Zur taktischen Allianz der Dienststellenleiterin mit der Schulleiterin und zu dem Vorschlag, bei ihrer eigenen Tätigkeit in der Schule doch ähnlich zu verfahren, äußerte die Psychologin sich nicht weiter.

Die weitere Entwicklung

Aus einem Bericht der Psychologin vom Ende des Schuljahrs ging hervor, daß der Konflikt, der sich an der Frage des Fortbildungskurses entzündet hatte, für die Definition der Position der Psychologin in der

Schule sehr wichtig gewesen war. Die Episode hatte nämlich einerseits den Lehrern die Position der Psychologin als einer Beraterin deutlich gemacht, die es nicht nötig hatte, sich den Launen der Schulleiterin in jedem Fall zu fügen, und andererseits hatte sie auch den Nachweis geliefert, daß die Psychologin in der Gruppenführung erfahren war. Auch die Beziehungen zwischen der Schulleiterin und der Psychologin hatten nach dem Gespräch mit der Dienststellenleiterin zwar nicht den Idealzustand erreicht, aber doch eine stetige Besserung erfahren.
Zwei Umstände waren offensichtlich:
— Das Problem betraf weniger den Inhalt oder die Gestaltung des Kurses als vielmehr die Definition der *Beziehungen* zwischen Schulleiterin und Lehrern, Schulleiterin und Psychologin, Psychologin und Lehrern (Wer darf die Regeln aufstellen?).
— Die Gestaltung des Kurses auf zweierlei Weise mit Vorträgen einerseits und Gruppenstudien andererseits hatte es allen Teilen des Systems (Schulleiterin, Lehrern, Psychologin) ermöglicht, einen Kompromiß zu schließen, der wiederum jedem Teil sowohl Vormachtpositionen wie auch eher »komplementäre« Positionen zugestand.

Weitere Beobachtungen

Bei einer Erörterung der oben beschriebenen Episode und ihres endgültigen Ausgangs stellte unsere Gruppe fest, daß die einzelnen Sequenzen nach systemtheoretischen Begriffen innerhalb des entsprechenden Kontextes, in diesem Fall der Institution Schule, analysiert werden mußten. Es stellte sich heraus, daß in diesem Kontext, der als kooperativ galt, in Wahrheit aber durch starke Rivalitäten gekennzeichnet war, große Unklarheiten bestanden:
a) Unklarheit der Ziele: Es herrscht scheinbar allgemeine Übereinstimmung in der Frage der Lehrerfortbildung. Über die Art ihrer Durchführung aber kommt es zum Streit. Der eigentliche Grund dafür liegt in dem Umstand, daß das erklärte Ziel ein anderes ist als das Ziel, an dem die Beteiligten am meisten interessiert sind;
b) Unklarheit der wechselseitigen Definition der Beziehung: Die Schulleiterin, die nach ihrer eigenen Definition das Recht hat, Regeln zu setzen, wird von der Gruppe der Lehrer abgelehnt, die ihrerseits eigene Regeln aufstellt. Die Psychologin, die sich als Beraterin versteht mit dem Recht, Regeln aufzustellen, stößt die Schulleiterin vor den Kopf und wird ihrerseits vor den Kopf gestoßen. Zugleich setzen die Lehrer sie in dem Spiel der widerstreitenden Parteien als Werkzeug ein. Die Folge ist, daß die Kommunikation dysfunktional wird: Kein Teil des Systems akzeptiert

mehr die Definition, die die übrigen Teile in der wechselseitigen Beziehung von sich selbst geben, dagegen versucht jeder, mit den verschiedensten Mitteln den anderen Teilen die eigene Definition von sich selbst aufzuzwingen. Im einzelnen sieht das so aus:
— Die Schulleiterin, die gegenüber einer Gruppe von Lehrern in starrer Überlegenheit verharrt, zwingt diesen ihre Autorität auf;
— die Psychologin, die sich zunächst in einer Position der Unterlegenheit befindet, begeht den Fehler, das Bündnis mit eben diesen Lehrern zu suchen, das sich ihrer Meinung nach dann »symmetrisch« auch auf die Schulleiterin auswirken muß (der Vorschlag, die Fortbildungskurse in eigener Regie durchzuführen, gefällt zwar den Lehrern, nicht aber der Schulleiterin);
— die verschiedenen Lehrer, die sich keineswegs darin einig sind, wie sich die gesteckten Ziele erreichen lassen, scheinen in ihren Erwartungen an den Fortbildungskurs mehr oder minder übereinzustimmen, in Wahrheit aber schüren sie nur die feindliche Einstellung der Psychologin gegenüber der Autorität.

Zum Eingreifen der Dienststellenleiterin stellte die Gruppe fest, daß sie ihre Manipulationen fernab vom eigentlichen Kontext und mithin in einer günstigen Situation vornehmen kann:
— Sie kennt die Beziehungen zwischen den streitenden Parteien;
— sie wird von beiden Seiten hinzugezogen;
— sie befindet sich in einer unbestritten überlegenen Position;
— sie wird, da sie außerhalb des Kontextes steht, zur Schiedsrichterin berufen;
— sie wird nicht persönlich gerügt; auch die Dienststelle als Ganzes erfährt keine Abfuhr, sondern nur das Vorgehen einer einzelnen Angehörigen dieser Dienststelle;
— sie kann positive Beziehungen sowohl zur Schulleiterin als auch zur Psychologin unterhalten.

Damit waren günstige systemische Voraussetzungen für eine *therapeutische* Intervention der Dienststellenleiterin gegeben. Ihr Erfolg ging zum Teil darauf zurück, daß sie über sehr gute Informationen verfügte, zum Teil auf ihre nicht angefochtene, überlegene Stellung in der Hierarchie. Im Zusammenhang mit ihrem taktischen Vorgehen waren nach den Erkenntnissen der Forschungsgruppe folgende Umstände besonders wirksam gewesen:
— Im Gespräch mit der Schulleiterin hatte sie die Aufmerksamkeit vom Konflikt um die Definition der Beziehung auf den eigentlichen Inhalt gelenkt: Sie hatte ein konkretes »Vorgehen« angeboten und damit eine Art Notausgang als Alternative zu dem Konflikt geschaffen;

— sie hatte die Beziehung zwischen der Schulleiterin und der Psychologin neu definiert, und zwar dadurch, daß sie beiden abwechselnd gewisse Vergünstigungen zugestand (die Position beider an der Beziehung beteiligten Personen wechselten, sie waren abwechselnd symmetrischer und komplementärer Natur);

— sie hatte gegenüber beiden Kontrahentinnen von der positiven Bewertung Gebrauch gemacht und so die festgefahrene Situation gelockert, ohne eine der Parteien zu kränken oder bloßzustellen.

Der Ausgang dieser Episode bestätigte wieder einmal die These, wonach Streitigkeiten, die *scheinbar* den Inhalt betreffen, sich in Wahrheit um das Problem der Definition der Beziehung drehen, ohne daß die jeweiligen Gegner sich dieses Umstandes überhaupt bewußt sind. Der Ausdruck »Manipulation« steht hier in dem Sinne, wie er an anderer Stelle in diesem Buch bereits näher beschrieben wurde.

28

**Die uneingestandene Koalition.
Das Beispiel einer wirksamen und lehrreichen Intervention**

Die paradoxen Merkmale des schulischen Systems finden sich in besonderer Ausprägung und Verschärfung auch in »der Anstalt«. Als Beispiel der Anstalt schlechthin wollen wir im folgenden die Institution näher betrachten, in der ein Psychologe aus unserer Forschungsgruppe tätig war.

Analyse des Systems

a) Kontext und Zielsetzungen. — Es handelt sich um eine sehr große Anstalt neueren Datums, die seit ihrer Gründung schon die verschiedensten Gruppen von benachteiligten und behinderten Kindern beherbergt hat. Da das System sehr vielschichtig ist, besteht die Tendenz zur Unbeweglichkeit, denn eine globale Veränderung als Antwort auf die unvermeidlichen Transformationen, die ständig in irgendeinem seiner vielen Teile vor sich gehen, würde die Gefahr der Auflösung heraufbeschwören. So wechselt zwar die Anstaltspopulation, aber die Anstalt selbst kann nicht jedes Mal ihre Zielsetzungen verändern. Dies wird weiter unten noch näher ausgeführt werden.

Augenblicklich beherbergt die Anstalt einige hundert Insassen zwischen drei und 18 Jahren, in der Hauptsache Spastiker und motorisch und/oder sensorisch Behinderte, einige sind zudem noch geistig zurückgeblieben. Man kann das System in vier Subsysteme unterteilen (die Abteilung für Vorschulkinder, die Abteilung für Grundschüler, die Abteilung der jüngeren Mittelschüler und die Abteilung für Mittelschüler der oberen Klassen). Jedes Subsystem hat seine eigenen Räume und seine eigenen Betreuer und führt ein mehr oder weniger autonomes Dasein. Allerdings sind die Subsysteme offene Systeme, die sich in ständiger wechselseitiger Kommunikation befinden, dies auch deshalb, weil die Insassen ja älter werden und dann von einem Subsystem zum anderen überwechseln, falls sie nicht entlassen werden.

Wir wollen uns hier nur mit einer dieser Unterabteilungen befassen, der der jüngeren Mittelschüler (es sind etwa 100, meist Jungen) und ihrer Betreuer. Ein Teil der Kinder hat schon die anstaltseigene Grundschule besucht, andere sind aus anderen Anstalten hierher überwiesen worden oder haben bisher bei ihren Familien gelebt. Die Direktion ist bemüht, nur solche Schüler aufzunehmen, deren Angehörige in der gleichen Region (zumindest aber in den angrenzenden Regionen) leben.

Die Kinder sind in zwei getrennten Häusern untergebracht, und zwar nach dem Grad ihrer Selbständigkeit. Im ersten Haus leben die rund 80 Kinder, die nicht auf fremde Hilfe angewiesen sind, deren Rehabilitation mit Hilfe physiotherapeutischer Maßnahmen nahezu abgeschlossen ist und die zum allergrößten Teil wieder in ihre Familien zurückkehren können, wenn sie die Mittelschule abgeschlossen haben. Seit einem Jahr besuchen diese Schüler eine außerhalb der Anstalt gelegene Schule. Im zweiten Haus, das allerdings äußerlich mit dem ersten eine Einheit bildet, leben etwa 20 pflege- und betreuungsbedürftige Kinder. Für sie und etwa 15 weitere Kinder, die als Tagesschüler hierherkommen, gibt es in der Anstalt eine Abteilung der örtlichen Mittelschule, die nach dem Vollzeitsystem und mit kleinen Klassen arbeitet. Die meisten Kinder aus diesem zweiten Haus bleiben auch nach Abschluß der Mittelschule weiter in der Anstalt und nehmen dann an internen Ausbildungsgängen teil.

Die *Zielsetzungen* der Anstalt, auf die oben schon kurz Bezug genommen wurde, sind großenteils eindeutig auf die Kinder aus dem ersten Haus zugeschnitten — bis vor kurzem bestand die gesamte Population der Anstalt aus solchen eher selbständigen Kindern —, und es besteht immer die Gefahr, daß sie stillschweigend (und fälschlicherweise) auch auf die zahlenmäßig viel kleinere Gruppe der Kinder aus dem zweiten Haus ausgedehnt werden.

Für die Kinder der ersten Gruppe lassen sich die Ziele wie folgt zusammenfassen: größtmögliche Besserung des physischen Zustandes, baldmögliche Wiedereingliederung in die Familie. Für die übrigen Kinder müßten deutliche und differenzierte Zielsetzungen etwa so lauten: Möglichkeiten der Reifung und der — wenn auch begrenzten — Sozialisation müßten geschaffen werden, in den günstigeren Fällen verbunden mit einer Ausbildung, die es gestattet, den Betreffenden ins normale Arbeitsleben oder doch in ein »beschützendes« Projekt einzugliedern.

Leben und Arbeit in der Anstalt kreisen also deutlich um die beiden Pole von Aufnahme und Entlassung; die Kriterien, die für die Aufnahme gelten, verweisen einerseits in jedem Fall auf die oben genannten Zielsetzungen, ob sie nun erreicht werden oder nicht, und bestimmen andererseits die Physiognomie der Anstaltspopulation und die Bandbreite der hier anzutreffenden Formen der Behinderung.

Das erste Kriterium für die Aufnahme in die Anstalt liegt in der Notwendigkeit der körperlichen Behandlung und Betreuung und im Extremfall darin, daß ein weiteres Verbleiben in der normalen Umgebung ganz unmöglich ist; daher entscheidet der ärztliche Leiter über Aufnahme und Entlassung, und das Gesundheitsministerium zahlt die monatlichen Gebühren. Daneben spielen gelegentlich auch soziale und pädagogische Erwägungen eine Rolle, ohne daß dies besonders zum Ausdruck käme.

b) Die verantwortlichen Leiter. An einem Gremium, das für die Entscheidungen in der Anstalt verantwortlich ist, fehlt es im Grund; zumindest ist dieses Gremium nicht deutlich definiert. Innerhalb des Subsystems, mit dem wir uns hier befassen, lassen sich jedoch vier hierarchische Ebenen ausmachen, die einander überlagern und deren gegenseitige Beziehungen sehr ungeordnet verlaufen:

1. Das *medizinische* Personal (Berater). Dazu gehören eine Reihe von Fachärzten, darunter ein Arzt für Naturheilkunde und ein Internist, ferner das halbmedizinische Personal (die eigentliche Belegschaft): Physiotherapeuten, Logotherapeuten, Pfleger und Hilfspfleger (die letzteren gehören zum allgemeinen Personal). Sie alle unterstehen dem ärztlichen Direktor.

2. *Die Erzieher.* Dazu gehören zwei Priester (Pater Martino und Pater Tommaso), die zugleich die beiden Häuser »koordinieren«, in denen die Kinder untergebracht sind, und ihre Assistenten (noch in der Ausbildung befindliche Studenten). Sie alle unterstehen dem *Anstaltsdirektor* (Pater Aldo).

3. *Schulisches* Personal. Dazu gehören etwa 20 beamtete Lehrer und ein Hausmeister, die von der örtlichen Mittelschule hierher delegiert worden sind. Der Leiter dieser Schule, dem sie formal unterstehen, steht kurz vor der Pensionierung und interessiert sich nicht im mindesten für diesen Zweig seiner Schule. Er hat seine diesbezügliche Funktion einem der Lehrer übertragen, der für die Verbindung und Koordination zwischen den beiden Teilen der Schule zuständig ist und offiziell als Stellvertretender Direktor bezeichnet wird. Ihm untersteht das schulische Personal. Man kann also sagen, daß der Schulleiter selbst außerhalb des Systems steht.

4. Das *Verwaltungspersonal.* Dazu gehören Angestellte, Sekretärinnen, Telefonistinnen. Sie unterstehen dem Verwaltungsdirektor (Personalchef).

5. Die Angehörigen des psychologisch-sozialen Bereichs (Sozialarbeiterin, Schul- und Berufsberaterin, Psychologe als Berater) lassen sich in keine dieser Kategorien deutlich einordnen.

6. Schwer zu klassifizieren sind auch die freiwilligen Helfer, die aus humanitären Gründen mitarbeiten und keiner systematischen Kontrolle unterliegen.

Die eigentliche Führungsspitze setzt sich also aus drei Personen zusammen:
a) dem Anstaltsleiter (Priester)
b) dem ärztlichen Direktor (Laie)
c) dem Personalchef bzw. Verwaltungsdirektor (Laie)
(Außerhalb des Systems sind das Gesundheitsministerium und, in größe-

rer Nähe, der Präsident der Institution von Wichtigkeit, dem wiederum die Anstalt als Ganzes untersteht).
Formal hat der Anstaltsleiter, Pater Aldo, die größte Macht, aber in Wahrheit ist der ärztliche Direktor die mächtigste Figur des Systems. Er allein entscheidet darüber, wer aufgenommen und wer entlassen wird, und schließlich hängt davon das Weiterbestehen der Anstalt ab. Der Personalchef hat die wirtschaftliche Macht, wacht über die Finanzen und steuert die politischen Beziehungen. Zwischen den drei Männern kommt es häufig zu symmetrischen Rivalitäten. Paradoxerweise befindet sich gerade Pater Aldo, der Anstaltsleiter, in der unsichersten und heikelsten Position, denn seine Rolle und seine Kompetenzen sind keineswegs klar.
Die größten Unstimmigkeiten hinsichtlich Rollen und Kompetenzen herrschen zwischen dem Anstaltsleiter, Pater Aldo, und den beiden Priestern, die ihm beigegeben sind. Beide Seiten klagen abwechselnd über Kompetenzüberschreitungen oder aber über mangelnde Unterstützung durch den jeweils anderen. Wegen dieser mangelnden Übereinstimmung in der Definition der Rollen können die übrigen Mitarbeiter unmöglich wissen, an welchen der drei Patres sie sich wenden müssen, wenn es um ein bestimmtes erzieherisches Problem geht. Das bedeutet dann auch, daß sie das Problem gar nicht angehen können.

c) Der Vertrag und die Erwartungen an den Psychologen. Als die Forschungsgruppe sich über die Wichtigkeit und Notwendigkeit eines schriftlichen Vertrages für die Intervention klar wurde, war der Psychologe bereits in Kontakt mit der beschriebenen Anstalt. Er hatte aber bei seinem Eintritt in die Anstalt schon in eigener Initiative einen schriftlichen Arbeitsplan überreicht, um zu demonstrieren, daß er seine Rolle anders betrachtete, als seine Vorgänger dies getan hatten. In dem Papier lehnte er die Rolle des Koordinators und Organisators ab und erklärte statt dessen seine Bereitschaft, sich auf entsprechende Bitten und Anfragen hin mit Schülern und Mitarbeitern zu beschäftigen.
Gleich nachdem der Psychologe seine Arbeit aufgenommen hatte, wurde er von seiten der Erzieher gedrängt, seine Auffassung von der eigenen Rolle zu revidieren, um anschließend auch Verfahrensfragen entscheiden und strukturelle Veränderungen in Gang setzen zu können. Allerdings schlugen sich diese Erwartungen des Systems an den Psychologen niemals in deutlichen Anfragen nieder, so daß es auch nicht zu einer Diskussion auf der Grundlage des ursprünglichen Arbeitsplanes und damit auch nicht zu einer Neudefinition der Rolle kommen konnte. Dem Psychologen wurde ganz einfach der Vorwurf gemacht, er gebe sich keine Mühe, bestimmte untragbare Situationen zu verändern (die Assistenten waren

enttäuscht von ihrer Rolle, die Schüler zeigten sich unzufrieden und rebellisch, die Angehörigen waren so gut wie gar nicht zur Mitarbeit bereit, »pathologische Fälle« blieben ungelöst usw.). Sobald der Psychologe aber diesen nur implizit geäußerten Bitten und Forderungen nachkam und auf einem ganz bestimmten Gebiet tätig wurde, beschuldigten ihn die Patres, die Grenzen seines Aufgabenbereiches zu überschreiten, die er doch selbst in dem besprochenen Plan abgesteckt habe, und sich in Bereiche einzumischen, die zur Domäne des Direktors und der beiden Patres gehörten. Dazu kam ein weiteres: Wenn die sogenannten »pathologischen Fälle« die Mitarbeiter der Anstalt in unerträgliche Situationen brachten, pflegte die Anstalt solche Schüler zu entlassen. Um ihre Entfernung von der Schule zu rechtfertigen, wurden zwei sehr seltsame Erklärungen vorgetragen: »Wir schicken sie nach Hause, wo sich alles lösen wird.« »Wir schicken sie nach Hause, weil wir nichts für sie tun können.«

Dieses Eingeständnis der *Ohnmacht* (auf das wir später noch näher eingehen wollen) spiegelt den Zustand des gesamten Systems wider: Die Führungsspitze war gelähmt durch die Symmetrie der Beziehungen, die Erzieher waren gelähmt durch den unaufhörlichen Rollenkonflikt zwischen den beiden Priestern, die übrigen Mitarbeiter durch die Schwierigkeit, wenn nicht Unmöglichkeit, jemanden zu finden, an den sie sich mit ihren pädagogischen Fragen wenden konnten. Der Psychologe schließlich war Gefangener seiner Rollendefinition und wurde zugleich beschuldigt, sich nicht von ihr zu lösen.

Die Modalitäten der Intervention werden festgelegt

Diese Analyse des Systems wurde von dem Psychologen lange mit den übrigen Mitgliedern der Forschungsgruppe diskutiert. Dabei ergab sich ganz deutlich folgendes: Die beschriebene Anstalt stellt nicht nur ein dysfunktionales System dar (das heißt ein System, dessen Kommunikationen gestört sind und das deshalb die Ziele, die es sich gesetzt hat, nicht erreichen kann), sondern sogar ein *paradoxes System* (das heißt ein System, das seine Ziele außer acht lassen muß, wenn es sie erreichen will). Das Paradoxon, mit dessen Hilfe das System sich am Leben hält, läßt sich folgendermaßen ausdrücken: »Es ist zum Wohl der Kinder, daß sie hier sind — aber sie können sich nicht wohlfühlen, wenn sie nicht in ihrem Zuhause leben.« Das bedeutet, die Anstalt hat sich eine ungerechtfertigte Verallgemeinerung zu eigen gemacht, nach der unter den heutigen sozialen Gegebenheiten eine solche Institution in sich eine negative Erscheinung ist — gleichgültig, wie gut sie arbeitet und wen sie beherbergt. Nach diesem Mythos wird die Familie ebenso kritiklos als Allheilmittel für alle Übel angesehen.

Nachdem dieser Mythos vom System absorbiert und sehr rasch wieder durch jenen entgegengesetzten Mythos ersetzt worden war, der die Institutionalisierung zum Heilmittel gegen alle Unzulänglichkeiten der Familie erklärt, wurde das System, wie es durch unsere Anstalt repräsentiert ist, in der Tat zu einem paradoxen System, denn es kann das selbst gesetzte Ziel — die physische und soziale Rehabilitation seiner Schützlinge — nur erreichen, wenn es dieses Ziel nicht weiter verfolgt und wenn es seine Schützlinge eben nicht weiter bei sich behält. So betrachtet, stellt die Entlassung »pathologischer« Fälle, von der schon kurz die Rede war, eine sehr viel dramatischere Ohnmachtserklärung dar, als auf den ersten Blick erkennbar ist. »Wir entlassen euch, weil wir nichts mehr für euch tun können und weil zu Hause alles in Ordnung kommt« bedeutet in Wahrheit nicht nur, daß *wir* nicht imstande sind, *euch*, so wie ihr seid, zu heilen, sondern es bedeutet auch, daß wir das nicht können, weil *wir* so sind, wie wir nun einmal sind — eine Anstalt nämlich.

Man braucht sich also nur eines weitverbreiteten Stereotyps zu bedienen, um zu erreichen, daß der Mißerfolg, den man für den einzelnen Fall nicht ehrlich zuzugeben wagt (»Aufgrund *dieser* unserer ganz bestimmten Unzulänglichkeiten konnten wir für *diesen* ganz bestimmten Jungen nichts tun«), sich unmerklich auf die gesamte Arbeit der Anstalt und alle ihre Insassen ausdehnt. Der Rückgriff auf diesen (abstrakten und verallgemeinernden) Mythos »Die Familie kann alles, die Anstalt nichts« ist ein machtvoller homöostatischer Mechanismus: Das System ist, wenn es ihn einsetzt, nicht gehalten, sich konkret in der Weise zu verändern, daß es scheinbar unveränderbare Situationen wieder ins Lot bringen kann (beispielsweise die familiale und soziale Außenseiterstellung eines Kindes). Die Betreuer empfinden deshalb ihre Tätigkeit, die ja der Besserung und Heilung physischer Schwächen und Unzulänglichkeiten dient, häufig in hohem Maße als frustrierend, denn nach ihrer Überzeugung wird der Schaden, den ihre Schützlinge auf der sozialen Ebene erleiden, auf die Dauer den Nutzen der Therapie übersteigen.

Dieses Paradoxon ist sehr weitgehend verantwortlich für das chaotische, ineffiziente und sinnentleerte Bild, das die Anstalt bietet, und für die Schwäche und Ohnmacht der Mitarbeiter. Diese Ohnmacht wird noch vertieft, wie oben bereits gesagt, durch die Verteilung der Machtbefugnisse in der Anstalt. Unsere Forschungsgruppe hatte vor dem Hintergrund der Homöostase des Systems zunächst einige Maßnahmen empfohlen, die sich als nutzlos erwiesen. Sie erkannte mit Bestürzung, welcher Art die Beziehungen zwischen dem Direktor und den beiden Priestern waren, daß sie nämlich die Merkmale des »Spiels ohne Ende« in sich bargen. Die Gruppe beschloß, daß die Beziehung zwischen dem Anstaltsleiter, Pater Aldo, und den beiden anderen Geistlichen deutlicher und unzweideutiger definiert werden müsse; dann würde automatisch auch die Beziehung zwischen allen drei Priestern und den übrigen Mitarbeitern sehr viel deutlicher werden.

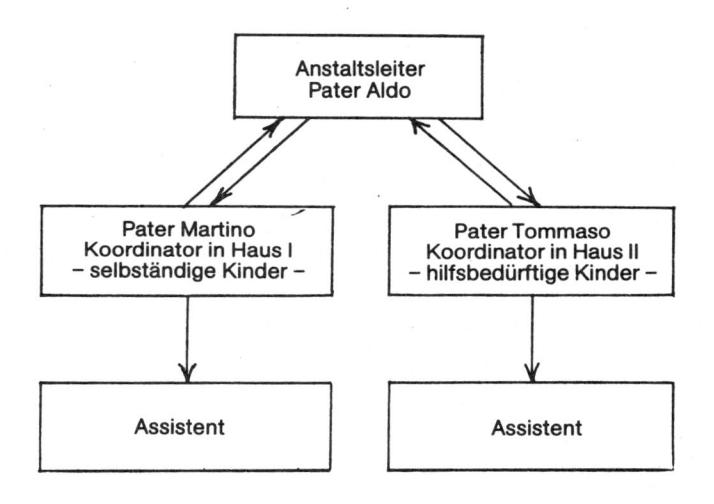

```
                    ┌─────────────────┐
                    │  Anstaltsleiter │
                    │    Pater Aldo   │
                    └─────────────────┘
                      ↙↗         ↖↘
      ┌──────────────────────┐   ┌──────────────────────┐
      │    Pater Martino     │   │    Pater Tommaso     │
      │  Koordinator in Haus I│  │ Koordinator in Haus II│
      │ – selbständige Kinder –│ │ – hilfsbedürftige Kinder –│
      └──────────────────────┘   └──────────────────────┘
                 ↓                           ↓
          ┌─────────────┐             ┌─────────────┐
          │  Assistent  │             │  Assistent  │
          └─────────────┘             └─────────────┘
```

Betrachten wir nun das »Spiel ohne Ende« etwas eingehender, das zwischen Pater Aldo und den beiden Priestern abläuft, die als Koordinatoren von Haus I bzw. Haus II tätig sind. Es handelt sich um eine komplizierte Folge von Interaktionen, die sich auch ganz anders interpunktieren läßt, die wir aber der Einfachheit halber wie folgt schematisieren können:
Pater Aldo befaßt sich mit einem bestimmten Problem (nehmen wir an, es handelt sich um das Störverhalten eines Schülers, beispielsweise aus Haus I); er wird – allerdings in seiner Abwesenheit – von Pater Martino beschuldigt, seinen Kollegen nicht genügend Raum für eigene Initiativen zu lassen. Für Pater Aldo gibt es jetzt zwei Möglichkeiten:
1. Er kann sich weiter mit dem Fall befassen – dann wird er von Pater Martino, wiederum in Abwesenheit, als autoritär bezeichnet. Sein Eingreifen, das nicht die Billigung von Pater Martino hat (der mit dem Jungen ja ständig in Berührung ist), wird sehr wahrscheinlich nichts bewirken; folglich beklagt sich Pater Aldo (nun allerdings seinerseits in Abwesenheit von Pater Martino) über die mangelnde Zusammenarbeit und erklärt, wie unbehaglich er sich in einer autoritären Position fühlt.

2. Er kann sich von dem Problem zurückziehen; dann wird er (in seiner Abwesenheit) als schwach bezeichnet, weil er in einer schwierigen Situation seiner Verantwortung nicht nachkommt. Nun nehmen sich die Erzieher der Situation an, und zwar auf ihre Weise; folglich beschwert sich Pater Aldo (aber natürlich nicht gegenüber dem betreffenden Priester), daß er nicht über den Gang der Dinge informiert wird und deshalb eine Entscheidung, die man von ihm als dem Leiter der Anstalt erwartet, gar nicht treffen kann.

Bei jedem neu auftauchenden Problem wiederholt sich dieses interaktive Schema in stereotyper Weise; wir haben es mit einer Kette ohne Ende zu tun, in der alle korrigierenden Mechanismen fehlen.

Wie wir schon sagten, wirkt sich dieses Spiel ohne Ende lähmend aus. Weder der Anstaltsleiter noch die beiden Patres können wirksam handeln, und die übrigen Mitarbeiter können, wenn sie einer Schwierigkeit gegenüberstehen (etwa den schlechten Leistungen eines Schülers), einfach nicht wissen, an wen sie sich mit ihrem Problem wenden sollen.

Es sei hier noch einmal deutlich darauf hingewiesen, daß wir in unsere Betrachtung der interpersonalen Transaktionen nicht etwa innerpsychische Elemente einschließen wollen. Wir beschäftigen uns beispielsweise nicht mit der Frage, ob ein bestimmtes Verhalten intendiert ist (und folglich verantwortet werden muß). In der Sicht des Pragmatikers sind solche Vorgänge »formal unbestimmbar«, weil sie in der »Black Box« verborgen liegen. Was wir verifizieren können, sind die Auswirkungen (nicht die Ursache) des Verhaltens. Wenn diese Auswirkungen für die Partner in einer Beziehung zerstörerisch oder lähmend sind (wie im oben beschriebenen Fall), dann wäre es natürlich ganz sinnlos, das »Spiel« zwischen den Partnern moralisch zu deuten, nämlich die Schuld in irgendeiner Weise auf sie zu verteilen. Das Spiel wird ja von außen unterbrochen, wenn die Beteiligten damit nicht mehr aufhören können, und dann kann sich ein neues Interaktionsmodell durchsetzen, das nicht solche destruktiven und lähmenden Wirkungen zeitigt.

Nachdem wir klargestellt haben, daß wir uns mit den »Ursachen« des Konfliktes zwischen den drei Priestern nicht befassen wollen, wenden wir uns nun den Auswirkungen zu. Wir stellen fest, daß die Beteiligten konsequent vermeiden, ihre beträchtlichen Meinungsverschiedenheiten in Gegenwart anderer zu klären, auf diese Weise jede Initiative lähmen und so zur starren Homöostase des Systems beitragen. Ihr Verhalten erinnert an das Verhalten von Eltern, die sich über eine bestimmte Frage nicht einigen können und die auch nicht gewillt sind, ihre Meinungsverschiedenheiten jemals mit den übrigen Mitgliedern der Familie zu besprechen und zu klären und damit jeden Versuch einer Veränderung zunichte machen.

Wenn wirklich ein Dritter *einem* der streitenden Partner einen Vorschlag unterbreiten würde, etwa eine Alternative zur Homöostase des Systems, dann würde er unweigerlich mit der Antwort beschieden, sein Vorschlag sei nicht durchführbar, weil der *andere* Partner ihm nicht zustimmen werde. Das heißt, die »zur Schau gestellte Uneinigkeit« unserer drei Fratres, über die niemals im großen Kreis, also in Anwesenheit der drei Kontrahenten und weiterer Mitarbeiter, gesprochen werden kann, sondern über die immer nur jeweils einer der Patres andeutungsweise mit Dritten spricht, funktioniert wie eine uneingestandene Koalition[29]. Damit soll keineswegs angedeutet sein, daß die Priester ihre Uneinigkeit etwa nur vortäuschen, um die Macht zu behalten; an der Echtheit ihrer Meinungsverschiedenheiten besteht kein Zweifel. Wir wollten lediglich zeigen, daß die in der beschriebenen Weise zur Schau gestellten Unstimmigkeiten sich ebenso auswirken wie eine nicht eingestandene Koalition. Darüber hinaus läßt sich sagen, daß diese Art der Koalition, wie sie zwischen den drei Patres besteht, im Sprachgebrauch Haleys »pervers« ist, nämlich aus Personen besteht, die unterschiedlichen hierarchischen »Generationen« angehören (dem Anstaltsleiter und seinen beiden Mitarbeitern).

Nach eingehender Analyse der Vorgänge plante die Forschungsgruppe eine Intervention, die sich sowohl auf die Beziehungen der drei Patres untereinander als auch auf die Beziehungen zwischen diesen und dem Beraterteam richten sollte. Dabei ging die Gruppe davon aus, daß unter den Mitgliedern des Teams − dem Psychologen, der Beraterin und der Sozialarbeiterin − nach den Worten des Psychologen ein gesundes und gutes Klima herrschte, daß sie einander gegenseitige Wertschätzung entgegenbrachten und gut zusammenarbeiteten − *das ist eine unerläßliche Voraussetzung für die Verwirklichung eines Projektes.* Es wurde beschlossen, diese Beziehungen zwischen den drei Mitarbeitern auch dadurch formal darzustellen, daß sie sich dem übrigen System im allgemeinen und den drei Patres im besonderen als integriertes und wirksam vorgehendes »im psychosozialen Bereich« arbeitendes Team vorstellten. Diese Definition sollte impliziert sein und mithin noch mehr Durchschlagskraft besitzen: es sollte nämlich am Ende des Schuljahres nur ein einziger, gemeinsam verfaßter Arbeitsbericht vorgelegt werden (bisher hatte jedes Mitglied des Teams jeweils einen eigenen Bericht erstellt). In diesem Bericht sollte unter anderem auch kurzfristig um ein Treffen zwischen dem Team und allen drei Patres ersucht werden. Damit wäre zugleich angedeutet, daß auch diese miteinander als Erzieher ein Team bildeten[30].

Als Thema für das geplante Treffen wurde der Kontakt mit den Familien der Schüler bestimmt. Bei der Zusammenkunft sollte das Team klarstellen, daß es ohne die Hilfe der Patres in ihrer Eigenschaft als Erzieher gar nichts unternehmen könne (auf diese Weise würde jede feindliche Haltung von Anfang an vermieden). Wenn alle drei Patres anwesend wären, dann würde es mit dem Rückgriff auf den homöostatischen Mechanismus, nämlich Unstimmigkeiten zur Schau zu stellen, nichts werden – dieser Mechanismus wurde immer dann von einem der drei Partner in Gang gesetzt, wenn die beiden anderen nicht zugegen waren. Man sah in der Gruppe voraus, daß die Patres dieser Zusammenkunft ablehnend gegenüber stehen und sich wohl bemühen würden, das Team in sich zu spalten (weil sie sicher dessen Selbstdefinition als handelnde *Einheit* ablehnten).

Die eigentliche Intervention

Tatsächlich wurde die Begegnung, wie das Team sie geplant und erbeten hatte, abgelehnt. Der Anstaltsleiter behauptete, er und die beiden anderen Patres seien in einer Krise und gar nicht sicher, ob sie ihre Arbeit nach den Ferien fortsetzen würden. Das Treffen sei daher unnötig. Die Patres verreisten tatsächlich für eine Weile, um über ihre Rollen und Beziehungen nachzudenken. Es sah zumindest nicht so aus, als würde die »Krise« (es war nicht die erste dieser Art) sie dazu bewegen, die Anstalt für immer zu verlassen.

In der Tat waren sie zu Beginn des neuen Schuljahres noch immer da. Als das Team den Anstaltsleiter an das erbetene Treffen erinnerte, bat dieser, man möge zunächst lieber den allgemeinen Arbeitsplan für das neue Schuljahr besprechen, der ja viel dringender sei. Das Team erklärte sich einverstanden, Besprechungen zu diesem Thema abzuhalten. Allerdings erschienen zu diesen Besprechungen entgegen den Wünschen der Teammitglieder niemals alle diejenigen, die das Thema eigentlich anging, sondern die Zusammenkünfte fanden in ganz unterschiedlichen Gruppierungen statt. Das System reagierte also deutlich auf den Versuch, seine Homöostase zu erschüttern.

Dazu ist im einzelnen festzustellen: Aus der ersten abschlägigen Antwort des Anstaltsleiters auf den Vorschlag, ein Treffen in die Wege zu leiten, war zwar herauszuhören, daß die Patres die Definition, die das Team für sie gefunden hatte (»ein Team von Erziehern«) nicht ungern akzeptierten; zugleich verlor dieses Einverständnis mit der Definition aber wieder an Wert, denn nach ihren eigenen Worten funktionierte die Zusammenarbeit der Erzieher nicht, und sie waren in Gefahr, als »Team« auseinanderzufallen. Auf diese Weise ließ sich die Begegnung vermeiden.

Auch der vermutete Angriff auf den Zusammenhalt des Beraterteams ließ nicht lange auf sich warten: In ihrem Schlußbericht am Ende des Schuljahres hatten die drei Teammitglieder angeregt, ihre Büros näher zusammenzulegen, um so eine gemeinsame Kartei benützen zu können. Daraufhin ließ die Anstaltsleitung wissen, daß sie vorhabe, das Sprechzimmer der Sozialarbeiterin in ein anderes Stockwerk zu verlegen, damit sie in engem Kontakt mit dem Leiter der Anstalt arbeiten könne (statt in engem Kontakt mit dem Psychologen und der Fachberaterin!).

Das Team beschließt, seine Taktik zu ändern

An diesem Punkt beschloß das Team, sich offen mit dem Anstaltsleiter zu verbünden und die unsichere Position aufzugeben, die es bisher − gleich weit entfernt vom Anstaltsleiter wie von den anderen Patres − eingenommen und zu halten versucht hatte. (In Wahrheit hatten sich die Mitglieder des Teams alle schon wiederholt von den beschwörenden Worten eines der drei Patres »einwickeln« lassen. In der Regel sah das so aus, daß entweder der Anstaltsleiter sich in bitteren Worten über seine beiden Mitarbeiter beschwerte oder aber einer von diesen über den Chef klagte − das Ganze selbstverständlich »streng vertraulich«. Nicht immer gelang es den Teammitgliedern, in der richtigen Weise auf solche Manöver zu reagieren, und so kam es schon einmal zu einer vorübergehenden Koalition mit dem anwesenden gegen den abwesenden Pater).

Das Bündnis mit dem Anstaltsleiter sollte mehreren Zielen dienen:

1. Eine sofortige Wirkung des Bündnisses versprach man sich in bezug auf die Versuche, das Team in sich zu spalten. Daher boten die Teammitglieder dem Anstaltsleiter statt der von ihm erbetenen Unterstützung durch die Sozialarbeiterin allein nun die Unterstützung durch das gesamte Team an;

2. ein weiteres Ziel war die Stärkung des Teams, das sich nun mit dem wichtigsten Träger der formalen Macht verbündete;

3. die tatsächliche Macht des Anstaltsleiters sollte durch das Bündnis gestärkt werden. Er würde sich dadurch bis zu einem gewissen Grade von den anderen Patres lösen können und damit jene uneingestandene Koalition aufbrechen, die sich so lähmend auf alle Entscheidungen ausgewirkt hatte.

Ergebnisse und Schlußfolgerungen

Ein solches Bündnis wurde immer wieder angeboten, teils durch das Team insgesamt, teils durch ein einzelnes Teammitglied, teils verbal, häufiger noch in nonverbaler Form. Die Mitglieder des Teams nahmen beispielsweise die Gewohnheit an, nach Versammlungen und Besprechungen (mit den Eltern, den Lehrern usw.) noch beim Anstaltsleiter stehenzubleiben und ihre Eindrücke über das Treffen mit ihm auszutauschen. Oft unterstützten sie nachhaltig alle Vorschläge des Anstaltsleiters, die (was häufig der Fall war) mit ihrem eigenen Programm übereinstimmten; sie begannen, dem Anstaltsleiter nicht nur ihre schon ausgearbeiteten Arbeitspläne, sondern auch erste Vorstellungen oder auch Zweifel zu unterbreiten und ihn in die Diskussion miteinzubeziehen. Insgesamt verhielten sie sich ihm gegenüber so, als ob er ein Mitglied des Teams sei. Dieses Angebot zu einem Bündnis wurde vom Anstaltsleiter sofort angenommen und stieß nicht auf den geringsten Widerstand.

Das erste Ziel wurde in der Tat sofort erreicht: Ohne daß irgendein Grund dafür angegeben wurde, kam der Umzug der Sozialarbeiterin in ein anderes Büro gar nicht mehr zur Sprache. Nachdem ihre Büros nebeneinandergelegt worden waren, wandten sich die Teammitglieder ohne viel Aufhebens der Vereinheitlichung ihres Ablage- und Karteisystems zu, ohne dabei auf Hindernisse zu stoßen.

Das zweite und das dritte Ziel wurden auf dem Weg über einen lange gehegten Plan der drei Teammitglieder erreicht: Sie sorgten dafür, daß in beiden Häusern in regelmäßigen Abständen Personalversammlungen abgehalten wurden, an denen der jeweilige Koordinator, seine Assistenten, der Arzt, die halbmedizinischen Mitarbeiter, die Pfleger und das Team selbst teilnahmen. Schon früher war immer und immer wieder vorgeschlagen worden, solche Personalversammlungen abzuhalten, mit dem Erfolg, daß der Widerstand des Systems noch wuchs und die entsprechenden Anträge auf die Seite gelegt wurden.

Der kritische Punkt im Zusammenhang mit den Personalversammlungen war die Frage, ob der Anstaltsleiter dabei zugegen sein sollte oder nicht; diese Frage berührte die Entscheidungsfreiheit der beiden »Hausherren« und Koordinatoren.

Das Team war jetzt bereits stark genug, um diesen Vorschlag durchzubringen; auch der Anstaltsleiter war seinerseits stark genug, um zu erreichen, daß seine Anwesenheit bei den Zusammenkünften akzeptiert wurde. Damit war es schon schwieriger geworden, den Mechanismus der uneingestandenen Koalition einzusetzen, denn das Team konnte auf Diskussion und Klärung der beiderseitigen Positionen dringen, da sowohl der Anstaltsleiter als auch der für das jeweilige Haus zuständige Koordinator zugegen waren.

Die Rolle der beiden Koordinatoren ließ sich nun auch besser definieren, und zwar auf zweierlei Art:

a) Die Anwesenheit des Anstaltsleiters setzte gewisse Grenzen »von oben«;

b) die Anwesenheit der Assistenten setzte Grenzen »von unten«, denn auch die Assistenten definierten nun ihre Möglichkeiten und Grenzen (damit wurde auch dem alten Streit über die Rolle der Assistenten ein Ende bereitet).

Neben diesen sehr gewichtigen Ergebnissen (besserer Zusammenhalt des Teams und, wichtiger noch, deutlichere Verteilung der Befugnisse auf die drei »Generationen« von Erziehern — Anstaltsleiter, Koordinatoren, Assistenten —, Auflösung der uneingestandenen Koalition) hatte die Intervention noch eine weitere Wirkung, die möglicherweise die größte Bedeutung besaß: Es wurde möglich, bei den Personalversammlungen in beiden Häusern auch über Aufnahme und Entlassung von Insassen zu sprechen und Beschlüsse zu fassen. Für den Anstaltsleiter bedeutete die Allianz mit den »technischen« Mitarbeitern eine Stärkung seiner Position auch gegenüber dem ärztlichen Direktor (übrigens auch gegenüber dem Personalchef, wenn wir auch diesen Umstand hier nicht behandeln wollen). Konkret wurde damit erreicht, daß auch die sozialen, psychologischen und pädagogischen Erwägungen bei der Entscheidung über Aufnahmen und Entlassungen eine Rolle spielten. Der formalen Macht, die der Anstaltsleiter schon immer innehatte, entsprach allmählich auch ein größeres Maß an »realer« Macht.

So kommt das Paradoxon, auf das sich das gesamte System so lange gestützt hat, zu Fall: Es wird nun in der Tat möglich, ungerechtfertigte Verallgemeinerungen aufzugeben und den einzelnen Fall nicht nach dem mythischen Gegensatz »Anstalt/Familie«, sondern nach der konkreten Situation des jeweiligen Kindes zu beurteilen. Wenn die Aufnahme in die Anstalt wegen physischer Mängel oder Schwächen unbedingt angezeigt ist, zugleich aber ausreichende Möglichkeiten der persönlichen und sozialen Entwicklung nicht gegeben sind, dann muß die Anstalt dafür sorgen, daß dieser Widerspruch aufgelöst wird.

Nachdem der Konflikt deutlich ausgemacht und in geeigneter Weise gelöst worden war, verlor sich mit dem nun einsetzenden Gespräch über einzelne Fälle allmählich jenes diffuse Mißtrauen, das zuvor die Suche nach möglichen strukturellen Veränderungen verhindert hatte. Das gesamte System war in allen seinen Funktionsbereichen gestärkt: Der Zustand der allgemeinen Ohnmacht war überwunden, die Ausübung der realen Macht entsprach eher der Verteilung der formalen Macht, die Allianzen waren in der Mehrzahl deutlich erkennbar und die Kommunikationswege klarer und erfolgreicher.

Die Strategie

29
Prädefinition der Beziehung und Prägung des Kontextes[31]

Kurz vor Beginn des neuen Schuljahres waren an der als Versuchsschule geführten Mittelschule von X viele Lehrer versetzt worden, einige erwarteten ihre baldige Versetzung, und andere waren neu ins Kollegium eingetreten. Unter den Neulingen gab es Lehrer, die ausdrücklich darum gebeten hatten, in einer Modellschule arbeiten zu dürfen, und solche, die vom Schulamt hergeschickt worden waren. Das Team des Beratungszentrums begrüßte diesen partiellen Wechsel, weil damit auch das Geflecht der Beziehungen modifiziert wurde, das zuvor durch die Umstellung auf den Schulversuch und durch eine Reihe von Fehlern, die den Teammitgliedern unterlaufen waren, sehr stark strapaziert worden war. Die Erfahrungen des vergangenen Jahres sollten nicht umsonst gewesen sein. Das Team hatte einstimmig beschlossen, sich in dieser Schule auf keine Intervention mehr einzulassen, ohne zuvor ausdrücklich seine Kompetenzen und Möglichkeiten, die Modalitäten seines Vorgehens sowie Zielsetzung und Kontext für die jeweilige Intervention definiert und die ausdrückliche Zustimmung der Vertreter der Schule (Direktor und Lehrer) erhalten zu haben.

Weiterhin hatte man beschlossen, daß diese Definition der Beziehung öffentlich und vor allen am Schulsystem Beteiligten erfolgen müsse, und zwar so direkt, daß das Team auch die verschiedenen Rückmeldungen sofort erkennen und begutachten könne. Es war nötig, Diskussionen zu entfachen, die um die Kernprobleme der Definition der Beziehung und des Kontextes kreisen, denn nur so würden sich Unklarheiten oder bloße Lippenbekenntnisse vermeiden oder doch wenigstens auf ein Mindestmaß beschränken lassen. Beachtung fand auch die Frage, welches Instrument zur Herstellung *klarer, eindeutiger und beständiger Kommunikationen* am besten geeignet sei.

Das entsprechende Instrument wurde schließlich in der Form eines schriftlichen Dokumentes gefunden, das zugleich Vertrag und Programm sein sollte. Als im September mit der Aufstellung des Unterrichtsplanes begonnen wurde, baten die Mitarbeiter des Beratungszentrums nach vorheriger Besprechung und Einigung mit dem Schulleiter die Lehrer um Mitteilung, was sie sich von der Tätigkeit des Teams versprachen. Anschließend fand eine öffentliche Vollversammlung statt, und in einer ausführlichen und ruhig geführten Diskussion nahm das Team Stellung zu den unterschiedlichen Erwartungen und begründete jeweils seine Zustimmung oder Ablehnung.

Am Schluß der Sitzung kündigte das Team an, daß es eine schriftliche Zusammenfassung vorlegen werde. Wenig später legten die Mitglieder des Teams diese Niederschrift vor, und allen Lehrern wurde eine Kopie ausgehändigt. Das Team erbat und erhielt die Zustimmung der Versammlung zu diesem programmatischen Vertrag.

Der Wortlaut des Dokumentes

Das Fachpersonal des Beratungszentrums wird in der Mittelschule von . . ., in der zur Zeit ein Schulversuch läuft, eine Analyse der schulischen Situation durchführen und sich mit einer Reihe von Fragen und Aufgaben befassen. Dazu gehören vor allem neue Formen des Unterrichts, die Fort- und Weiterbildung der Lehrer, die Integration von Schule und Gemeinwesen und Fragen der breiteren öffentlichen Mitsprache bei Entscheidungen, die die Schule betreffen. Das Personal des Zentrums besteht aus einem Psychologen, einer Sozialarbeiterin und einer Schulberaterin, die ihre speziellen Kenntnisse und Fähigkeiten in die Analyse der schulischen Situation und in die notwendigen Untersuchungen einbringen und dabei eng zusammenarbeiten werden. Der Psychologe wird innerhalb der Schule nicht als Therapeut auftreten und sich nicht mit innerpsychischen Analysen befassen; der schulische Kontext gestattet ihm vielmehr, nach dem Modell der interpersonalen Beziehungen tätig zu werden.

Ein oder mehrere Mitarbeiter des Zentrums werden über das ganze Schuljahr hinweg regelmäßig an den wöchentlichen Konferenzen der Lehrer teilnehmen. Damit soll deutlich werden, daß uns an einer kontinuierlichen Zusammenarbeit gelegen ist. Das Beraterteam steht im einzelnen zur Mitarbeit bei folgenden Aufgaben zur Verfügung:

a) Programmierung und Durchführung des Schulversuchs;
b) Analyse der Situation in den einzelnen Klassen (interpersonale Beziehungen) durch Teilnahme an den Sitzungen der Klassenräte;
c) Bewertung der Lernfortschritte der Schüler;
d) Aktivitäten im Zusammenhang mit der Weiterbildung der Lehrer;
e) beratende Tätigkeit, die nach Inhalt und Form mit den vom Kollegium für diese Aufgabe bestimmten Lehrern abgestimmt wird;
f) Koordination zwischen Grund- und Mittelschule;
g) Förderung der Beziehungen zwischen Schule, Elternhaus und Gemeinwesen.

Die Mitarbeiter des Beratungszentrums

Die Durchführung dieser programmatischen Abmachungen hatte sehr vielfältige Wirkungen. Sie betrafen
a) die Mitglieder des Teams selbst;
b) die Beziehungen der Lehrer untereinander;
c) die Vielzahl der Aktivitäten.
a) Für die Teammitglieder ergaben sich umwälzende Veränderungen. Das vergangene Schuljahr hatte für sie mit Enttäuschung und Ärger geendet, denn es war ihnen bewußt, daß es ihnen nicht gelungen war, die eigene Rolle und ihre Beziehung zu Schulleitung und Lehrern deutlich zu definieren. Die praktische Arbeit auf der Grundlage kommunikationstheoretischer Erkenntnisse hatte es ihnen jetzt ermöglicht, eine angemessene Strategie für ihre Interventionen zu entwickeln, die sich sogleich als wirksam erwies. Das verlieh den Mitarbeitern eine Sicherheit, die sie zuvor gar nicht gekannt hatten.
b) Das Klima zwischen der Schulleiterin und den Lehrern einerseits und zwischen der Schulleiterin und dem Beraterteam andererseits hatte sich ganz deutlich gebessert; die Zeichen von Mißtrauen und Feindschaft, wie sie noch im vergangenen Jahr zu beobachten waren, blieben aus. Die Schulleiterin insbesondere versuchte nicht, das Team als Werkzeug für ihre eigenen Zwecke einzusetzen, und auch die Lehrer verhielten sich fair. Der Vertrag wurde nicht ein einziges Mal angefochten; wenn er erwähnt wurde, dann nicht in polemischer Form, sondern nur, um einen bestimmten Punkt näher zu erklären. Häufig war von dem Dokument überhaupt nur implizit die Rede.
c) Die wichtigsten Aufgaben, die von dem Vertrag erfaßt wurden und an denen das Team der Berater und die Vertreter der Schule gemeinsam beteiligt waren, lassen sich wie folgt aufzählen: Programmierung aller schulischen Aktivitäten für das gesamte Schuljahr (Durchführung und Kontrolle), engere Bindung der Grundschule an die Mittelschule, beratende Tätigkeit, ein Fortbildungskurs für die Lehrer, in dessen Verlauf der Psychologe neue Interessen und Initiativen wecken konnte, und schließlich die Zusammenarbeit mit den Klassenräten, wenn irgendwo Schwierigkeiten auftraten. Das Team leistete gute Arbeit, achtete aber darauf, daß es in keinem der vertraglich festgelegten Arbeitsbereiche ganz allein tätig wurde.
Was in dem Dokument möglicherweise als Präzisierung der Inhalte betrachtet werden konnte, hatte in Wahrheit als Definition der Beziehung funktioniert.
Die Mitglieder des Teams wandten diese Strategie in der Folge häufig an

und bauten sie nach allen Richtungen aus. So verteilten sie z. B. Formulare an die Lehrer, die sich an Watzlawicks System des Familieninterviews anlehnten.

Die Ergebnisse bestätigten die Richtigkeit und Wirksamkeit dieser Strategie, denn die so erreichte (zunächst erbetene, dann diskutierte, formulierte, bestätigte und schließlich auf Dauer aufrechterhaltene) Definition der Beziehung markierte genau den Kontext, dem die nachfolgenden Interventionen ihren Sinn und ihre Wirksamkeit verdankten.

Anmerkungen

Vorwort

[1] Tucker, B. Z., The Family and School: Utilizing Human Resources to Promote Learning. In: Family Process, 15, 1, 1976, S. 97–142.

[2] Watzlawick, Paul: Wie wirklich ist die Wirklichkeit? Piper. München 1976.

Einführung

[1] Die theoretischen Modelle, auf die die Gruppe sich dabei bezog, sind heute in Italien weitgehend bekannt. So liegen etwa folgende Werke in italienischer Übersetzung vor: Bertalanffy, L. von: Teoria generale dei sistemi. I. L. I. Mailand 1971; Watzlawick, P., J. H. Beavin und D. D. Jackson: Pragmatica della communicazione umana. Astrolabio. Rom 1971 (dt.: Menschliche Kommunikation. Huber. Bern – Stuttgart – Wien 1974); Watzlawick, P., J. H. Weakland und R. Fisch: Change. Astrolabio. Rom 1974 (dt.: Lösungen. Zur Theorie und Praxis menschlichen Wandels. Huber. Bern – Stuttgart – Wien 1974).

[2] Teilnehmer: Stefano Cirillo, Lucio D'Ettorre, Mario Garbellini, Dante Ghezzi, Fernanda Lazzari, Milena Lerma, Mario Lucchini, Carmela Martino, Giuliano Mazzoni, Francesca Mazzucchelli, Maria Nichele, Laura Ambrosiano, Antonia Ausenda, Gianni Bergamaschi, Carla Cappelletti, Miriam Forcucci, Aurelio Rosi, Anna Maria Sorrentino, Rosanna Tomasi. Vom zweiten Jahr an und bis 1975 beteiligten sich nur noch die ersten elf Mitglieder an den Untersuchungen und Forschungen.

[3] Zum Konzept der »Black Box« siehe Watzlawick, P., J. H. Beavin und D. D. Jackson: Menschliche Kommunikation. Huber. Bern 1969, S. 45.

[4] Die Arbeit von Liguori, V.: Tecniche di modificazione del comportamento della scuola. Università Cattolica del Sacro Cuore 1971/72, stieß auf großes Interesse bei der Gruppe. Der Autor analysiert im einzelnen die hilf- und machtlose Stellung des Schulpsychologen, und die Gruppenmitglieder sahen sich in ihren eigenen Erfahrungen bestätigt. Sie stimmten auch der Forderung zu, daß der Schulpsychologe mehr mit den Lehrern als mit den Schülern arbeiten müsse.

[5] Zitat aus Watzlawick, P. u. a.: Menschliche Kommunikation, S. 223: »Während wir von der Wirksamkeit der Verhaltenstherapie für den Patienten als einer ›Monade‹ überzeugt sind, vermissen wir sowohl in der Theorie wie in der Kasuistik dieser Behandlungsmethode jeden Hinweis auf die zwischenpersönlichen Wirkungen der oft drastischen Besserung des Patienten. Unserer Erfahrung nach geht eine solche Besserung meist Hand in Hand mit dem Auftauchen eines neuen Problems oder der Verschlechterung eines bestehenden Zustands bei einem *anderen* Familienmitglied. Aus der verhaltenstherapeutischen Literatur gewinnt man den Eindruck, daß der Therapeut, dessen Bemühungen nur dem individuellen Patienten

gelten, die wechselseitige Abhängigkeit der beiden Fälle gar nicht sehen und gegebenenfalls die andere Person wiederum in monadischer Isolierung behandeln würde.«

Teil I

[1] An einer entsprechenden Diskussion nahmen auch einige Mitglieder unserer Forschungsgruppe teil. Dabei analysierten sie im einzelnen die Anfragen und Bitten, die aus dem Bereich der Mittelschule kamen – in dem sie alle tätig waren –, um so die eigene Rolle gegenüber den Klienten besser definieren zu können. Eine Zusammenfassung der Ergebnisse findet sich auf Seite 43 ff.

[2] Das ist keineswegs, wie so oft gesagt wird, die Folge einer größeren Laschheit, sondern einfach Ausfluß eines in hohem Maße formalisierten Systems.

[3] Schwieriger wird es schon im Fall des Ehepaares, das um Behandlung nachsucht. Häufig ist hier jeder der beiden Partner offen oder heimlich davon überzeugt, daß es eben gerade der andere ist, der den Psychologen braucht und der sich ändern muß (»Wenn es dir hilft, dann gehe ich natürlich mit«). Dagegen kommt es verhältnismäßig selten vor, daß beide Partner zugeben, an der Störung ihrer gegenseitigen Beziehung beteiligt zu sein. Ebenso neigen auch die Mitglieder der Familie, die eine Therapie beginnt, häufig dazu, den identifizierten Patienten als das einzige Problem einer im Grunde ganz gesunden Familie hinzustellen: »Wenn wir dieses Pech nicht hätten, wären wir eine glückliche Familie.«

[4] Für diese Art der Überlegung ist es völlig gleichgültig, ob es sich um eine bewußte oder unbewußte Herausforderung handelt.

[5] In der Regel liegt die Diagnose, wie bereits angedeutet, in Gestalt eines bestimmten Etiketts schon vor: »geistesgestört«, »fehlangepaßt«, »neurasthenisch«, »hysterisch«, »schwachsinnig« usw. Der Psychologe soll ihr mit ätiologischen (Ätiologie ist die Lehre von den Krankheitsursachen) Nachforschungen und exakter Formulierung nur noch das wissenschaftliche Kolorit verleihen.

[6] Einige Kollegen, die Gelegenheit hatten, die vorliegende Analyse im Entwurf zu lesen, gaben zu bedenken, daß sich aus dieser Darlegung ein »diabolisches« Bild der Lehrer ergibt. Wir empfehlen daher dringend, diese Seiten unvoreingenommen und ohne eigenmächtige »Interpunktion« der Sequenz der Verhaltensweisen zu lesen. Psychologe und Lehrer sind in einem wechselseitigen symmetrischen Spiel gefangen, das damit endet, daß dem Psychologen die Hände gebunden sind. Die Worte »Disqualifizierung« und »Falle« müssen daher in ihrer rein systemischen Bedeutung verstanden werden.

[7] Die Teams der Erziehungs-, Schul- und Berufsberatungszentren setzen sich in der Regel aus einem Psychologen, einer Beraterin (einer psychometrischen Sachverständigen) und einem Sozialarbeiter zusammen.

[8] Unter dem Pygmalion-Effekt verstehen wir das von Rosenthal untersuchte Phänomen, daß die über einzelne Schüler und Gruppen von Schülern mitgeteilten psychischen Merkmale (bevor die Lehrer diese Schüler selbst kennenlernen) die Lehrer sehr stark dazu verführt, im blinden Vertrauen auf diese Daten zu handeln. So stellten Lehrer, denen im Rahmen eines Experimentes eine normale Klasse

zugeteilt, aber als Klasse von retardierten Schülern beschrieben worden war, in dieser Klasse tatsächlich beträchtliche Lernschwierigkeiten fest. Siehe Rosenthal, R., L. Jacobson: Pigmalione in classe. Aspettative degli insegnanti e sviluppo intellettuale degli allievi. F. Angeli. Mailand 1972.

[9] Hier sei nur an das Wort erinnert: »Um Hänschen im Lateinischen zu unterweisen, ist es weniger notwendig, Latein zu beherrschen als vielmehr Hänschen gut zu kennen.«

[10] Damit wird die symmetrische Rivalität zwischen dem Psychologen und den Lehrern wieder augenfällig. Die Bitte um einen psychologisch-pädagogischen Ratschlag ist eine Falle, denn als Kommunikation bedeutet sie: »Wir wollen einmal sehen, ob du geschickter bist als wir!« Der Psychologe sieht sich in diesem Augenblick tatsächlich mit der Rolle des erfahreneren Vorgesetzten der Lehrer betraut, obwohl er doch gar kein Lehrer ist. Es hat seinen Grund, wenn die pädagogischen Ratschläge des Psychologen häufig mit der Bemerkung zurückgewiesen werden: »Alles schön und gut, aber er soll es doch mal mit meiner Klasse versuchen!« In diesem Fall gilt die Regel, daß kein Mensch sich wirklich an die Stelle eines anderen versetzen kann – gleichgültig, um welche Tätigkeit es sich handelt –, wenn er nicht genau die gleichen beruflichen Erfahrungen und Kenntnisse besitzt.

[11] Selvini Palazzoli, Mara, u. a.: Paradoxon und Gegenparadoxon. Klett-Cotta. Stuttgart 1977, S. 59–61. Hervorhebungen durch die Autoren.

[12] Siehe in diesem Zusammenhang auch die Analyse von Vincenzo Liguori.

[13] Vom verhaltenstheoretischen Standpunkt aus wirken Zuwendung und Aufmerksamkeit, in Reaktion auf abweichendes Verhalten, als positive Verstärkung eben dieses Verhaltens. Siehe die Arbeit von V. Liguori und die Untersuchungen von Bandura über den kindlichen Autismus: Bandura, A.: Principles of behaviour modification. Holt, Rinehart & Winston. London 1971.

Teil II

[1] Wie Mara Selvini Palazzoli u. a. bereits in »Paradoxon und Gegenparadoxon«, S. 14, sagen, wird das griechische Wort »epistamei« in seinem ursprünglichen Sinne verwendet und bedeutet: sich in eine vorteilhafte Position bringen, um etwas besser beobachten zu können.

[2] Den theoretischen Grundlagen der Kommunikationswissenschaft entnehmen wir die folgenden Konzepte: »Ein Phänomen bleibt unerklärlich, solange es nicht in genügend weitem Kontext gesehen wird. Wenn der Beobachter die Entwicklung der Beziehungen zwischen einem Ereignis und der größeren Matrix, zwischen einem Organismus und seinem Umfeld außer acht läßt, dann sieht er sich einem »mysteriösen« Geschehen gegenüber, oder er muß seinem Studienobjekt gewisse Eigenschaften zuschreiben, die es nicht besitzt. Während diese Tatsache in der Biologie unbestritten akzeptiert wird, fußt die menschliche Verhaltensforschung noch weitgehend auf monadischen Auffassungen vom Individuum und auf der ehrwürdigen wissenschaftlichen Methode der Isolierung von Variablen. Dies wird besonders augenfällig, wenn ein sogenanntes gestörtes (psychopathologisches)

Verhalten zum Gegenstand der Untersuchung wird. Werden solche Verhaltensformen in künstlicher Isolierung gesehen, so steht zwangsläufig die Frage nach der *Natur* dieser Zustände und damit im weiteren Sinn nach dem *Wesen* der menschlichen Seele im Vordergrund. Wenn aber die Grenzen dieser Untersuchung weit genug gesteckt werden, um die Wirkungen eines solchen Verhaltens auf andere, die Reaktionen dieser anderen und den Kontext, in dem all dies stattfindet, zu berücksichtigen, so verschiebt sich der Blickpunkt von der künstlich isolierten Monade auf die *Beziehung* zwischen den Einzelelementen größerer Systeme. Das Studium menschlichen Verhaltens wendet sich dann von unbeweisbaren Annahmen über die Natur des Psychischen den beobachtbaren Manifestationen menschlicher Beziehungen zu. Das Medium dieser Manifestationen ist die menschliche Kommunikation.« (Watzlawick, P., J. H. Beavin und D. D. Jackson: Menschliche Kommunikation. Huber. Bern 1969, S. 21–22) Dem sei noch hinzugefügt, daß das für die Erforschung geeignete Instrument die Analyse der Kommunikation im pragmatischen Sinne ist, das heißt die Aufdeckung des *Effektes*, den die Botschaft für den Empfänger hat.

[3] Haley, J.: Le strategie della psicoterapia. Sansoni. Florenz 1974, S. 31.
[4] Ebd., S. 62–63.
[5] Siehe den typischen Fall im Kapitel »Die Ausdehnung des Beobachtungsfeldes«, S. 78 ff.
[6] Watzlawick, Paul u. a.: a. a. O., S. 61. Hier geht es um das folgende kommunikationstheoretische Axiom: »Die Natur einer Beziehung ist durch die Interpunktion der Kommunikationsabläufe seitens der Partner bedingt.«
[7] Ebd., S. 116.
[8] Ebd., S. 25.
[9] Watzlawick, P., J. H. Weakland und R. Fisch: Lösungen. Huber. Bern 1974.
[10] Siehe die Intervention des Psychologen in einer Modellschule in chaotischer Situation, wie sie in Teil 4 geschildert wird.
[11] Zum gehäuften Auftreten solcher Phänomene in dysfunktionalen Systemen siehe Haley, J.: Verso una teoria dei sistemi patologici. In: Zuk und Boszormenyi-Nagy: La famiglia: patologia e terapia. Armando. Roma 1970.
[12] Watzlawick, P. u. a.: Menschliche Kommunikation, S. 124 ff.
[13] Eine solche – moralistische – Kennzeichnung ist in einer korrekten Analyse pragmatischer Art fehl am Platz. Richtig verstanden muß es heißen: »Schüler, die sich ausgeglichen, ruhig und gewissenhaft verhalten, und Schüler, die sich ungestüm, unruhig und störend verhalten.«
[14] Siehe in diesem Zusammenhang die Ausführungen von Ashby zum Thema Homöostase in Watzlawick, P., u. a.: a. a. O., S. 34–35.
[15] Siehe Selvini Palazzoli, Mara, u. a.: Paradoxon und Gegenparadoxon, S. 14.
[16] Bekanntlich liegt der entschlossene Versuch, auf jeden Fall die Definition der Beziehung zu umgehen, der schizophrenen Transaktion zugrunde. Siehe Haley, J.: The family of the schizophrenic: a model system; und Selvini Palazzoli, Mara u. a.: Paradoxon und Gegenparadoxon.
[17] Bateson definiert Schismogenese als einen »durch die Wechselbeziehungen zwischen Individuen verursachten Differenzierungsprozeß der Normen individuellen

Verhaltens«. Bezüglich der Ausführungen Batesons zu diesem Konzept siehe Watzlawick, P., u. a.: a. a. O., S. 68/69.

[18] Zur Klärung des Konzepts der »Prägung des Kontextes« (context marker) zitieren wir Gregory Bateson, der in einer seiner grundlegenden Arbeiten sagt: »Wir können den Begriff ›Kontext‹ als einen umfassenden Ausdruck für alle jene Ereignisse betrachten, die dem Organismus mitteilen, in welcher Gruppe von Alternativen er seine nächste Entscheidung treffen soll.

An diesem Punkt wollen wir den Ausdruck ›Prägung des Kontextes‹ einführen.

Ein Organismus reagiert auf den ›gleichen‹ Stimulus je nach Kontext in unterschiedlicher Weise, daher müssen wir uns fragen, aus welcher Quelle der Organismus seine Informationen bezieht. Welches Präkonzept ermöglicht ihm die Erkenntnis, daß der Kontext A vom Kontext B verschieden ist?

Häufig ist vielleicht ein spezifisches Signal oder Etikett gar nicht vorhanden, das die beiden Kontexte klassifiziert und differenziert, daher ist der Organismus gezwungen, seine Informationen aus der Menge der Ereignisse zu beziehen, die den jeweiligen Kontext strukturieren. Dennoch gibt es (mit Sicherheit im menschlichen Leben, sehr wahrscheinlich auch im Leben vieler anderer Organismen) Signale, deren wichtigste Funktion in der Klassifizierung des Kontextes besteht.

Die Annahme ist berechtigt, daß gewisse Vorbereitungen einem Hund, der ein langes Training in einem psychologischen Versuchslabor hinter sich hat, anzeigen, daß er sogleich in eine Reihe von Kontexten eines bestimmten Typus ›einsteigen‹ wird. Wir wollen diese Informationsquelle als ›Prägung des Kontextes‹ bezeichnen und gleich hinzufügen, daß es – zumindest auf der Ebene des menschlichen Lebens – auch ›Prägungen des Kontextes von Kontexten‹ gibt.

So werden beispielsweise die Besucher einer Hamlet-Aufführung nicht die Polizei rufen, wenn sie den Helden im Kontext seiner Beziehungen zu seinem toten Vater, zu Ophelia und anderen über den Selbstmord sprechen hören, denn sie besitzen Informationen über den Kontext des Kontextes des ›Hamlet‹. Sie wissen, daß es sich um ein Schauspiel handelt, und sie haben diese Information aus zahlreichen ›Prägungen des Kontextes des Kontextes‹ bezogen, zu denen beispielsweise die Eintrittskarten, die Sitzverteilung im Parkett, der Bühnenvorhang usw. gehören . . .«

Wir können also beobachten, daß im Fall der Kontexte, mit denen wir uns hier befassen, die Information aus der Menge der gerade ablaufenden Ereignisse und aus ihrer Abfolge bezogen werden muß. Siehe Bateson, G.: The logical categories of learning and communication. In: Steps to an ecology of mind. Ballantine Books. New York 1972, S. 289.

Übrigens hat Bateson mit der Vokabel »marker« wohl einen Ausdruck aus der Linguistik entliehen, mit dem dort im allgemeinen das signifikative Element eines Begriffs bezeichnet wird. Siehe Barthes, R.: Elementi di semiologia. III, 3.3. Einaudi. Turin 1966.

[19] English, H. B. und A. C. English: A comprehensive dictionary of psychological and psychoanalytic terms. Longmans Green and Co. London 1958.

[20] Zukünftige Untersuchungen werden diese erste Unterteilung wohl insgesamt bestätigen, aber vielleicht noch genauer ausarbeiten.

[21] Etwas anderes ist es natürlich, wenn der Psychologe im Rahmen der Lehrerweiterbildung Informationen und Ratschläge erteilt. Für diesen Fall bestand ja schon zuvor Einigkeit unter den Beteiligten.
[22] Siehe Selvini Palazzoli, Mara u. a.: Contesto e metacontesto nella terapia della famiglia. In: Archivio Psicol. Neurol. Psich., 3, 1970, S. 203–211.
[23] Selvini Palazzoli, Mara u. a.: Contesto e metacontesto nella terapia della famiglia. a. a. O., S. 203–204.
[24] Hier handelt es sich um das erste kommunikationstheoretische Axiom, wie es von Watzlawick u. a. in »Menschliche Kommunikation« erläutert wird.

Teil III

[1] Siehe dazu den ausgezeichneten Beitrag von Peal, E.: »Normal« sex roles: an historical analysis. In: Family Process, 14, 3, 1975. In dieser auf die Vereinigten Staaten beschränkten Untersuchung stellt die Autorin fest, daß im vorindustriellen Zeitalter beide Eltern sowohl bei der Beschaffung der lebensnotwendigen Dinge (also in der Landwirtschaft, im Handwerk usw.) als auch bei der Kinderaufzucht zusammenarbeiteten. Mit dem Fortschreiten des Industriezeitalters vertiefte sich eine abnorme Dichotomie, der zufolge der ganztägig von der Familie abwesende Vater fast ausschließlich mit der Beschaffung der lebensnotwendigen Dinge und die Mutter fast vollständig mit der Kindererziehung beauftragt war. Peal schließt zu Recht, daß das Vorhandensein dieser »normalen« Rollenverteilung zwischen Vater und Mutter keineswegs ein Kriterium für die »Gesundheit« einer Familie darstellt.
[2] Zu diesem Zeitpunkt stand die Gruppe unter dem Einfluß der Vorstellungen von Virginia Satir, die die Unterweisung in korrekter Kommunikation nicht nur für nützlich, sondern sogar für ein Mittel der Problemlösung hält. Satir, V.: Psicodinamica e psicologia del nucleo familiare. Armando. Rom 1973, S. 144, 149, 241–243 (dt.: Familienbehandlung. Freiburg i. Br. Lambertus 1973).
[3] Im Zuge der neuen Vertretungsordnung geht die früher dem Schulleiter zukommende Funktion erfreulicherweise auf die Schulpflegschaft über, in der alle an der Schule Beteiligten vertreten sind (Eltern, Lehrer und im Sekundarbereich der Mittelschule auch Schüler).
[4] Watzlawick, P.: A structured family interview. In: Family Process, 5, 1966, S. 256–271.
[5] So lautete eine Antwort auf die Frage: »Was ist bisher zur Lösung des Problems unternommen worden?« zum Beispiel: »Alles mögliche«, und auf die Frage: »Was erwarten Sie von der Intervention des Psychologen?« hieß es schlicht: »Daß er uns hilft.«

Teil IV

[1] In Wirklichkeit verwendet der ernsthaft am Schulversuch interessierte Lehrer sehr viel mehr Zeit auf die Schule als irgendein anderer Lehrer an einer »normalen« Schule. Zu einem ordnungsgemäß durchgeführten Schulversuch gehören

nämlich Konferenzen, in denen die Programmplanung besprochen wird, Treffen des Klassenrates, Gespräche mit den Eltern, Erfolgskontrollen, Sitzungen mit dem Beraterteam, allgemeine Versammlungen und anderes mehr. Um diese unbezahlte Mehrbelastung aufzufangen, hat man in einigen Modellschulen die Anzahl der Unterrichtsstunden jedes einzelnen Lehrers reduziert, damit er »bezahlte« Arbeitszeit auf die oben genannten Aktivitäten verwenden kann. Das hat natürlich dazu geführt, daß mehr Lehrer eingestellt werden mußten, es hat aber zugleich auch eine spürbare Verschiebung des zahlenmäßigen Verhältnisses von Lehrern und Schülern mit sich gebracht, die in einzelnen Fällen nicht mehr gerechtfertigt und im Grunde den erzieherischen Zielen sogar abträglich ist.

[2] Bekanntlich geben sich auch politisch interessierte und aufgeschlossene Eltern häufig sehr konservativ, wenn es um die eigenen Kinder geht, weil sie fürchten, daß ein Wechsel der Methoden oder der schulischen Strukturen sich nachteilig auf den Unterricht auswirken könnte. Ihre Zweifel gehen vor allem dahin, ob die Modellschule geeignet ist, die Schüler angemessen auf die weiterführenden Schulen vorzubereiten. Natürlich sind solche Befürchtungen besonders stark in den mittleren und höheren sozialen Schichten verbreitet. Für die Angehörigen dieser Schichten ist der schulische Erfolg der Kinder und ihre Aufnahme in weiterführende Schulen eine Frage von großer sozialer Bedeutung. Siehe Cesareo, V.: La scuola integrata a tempo pieno come innovazione educativa. Provincia di Milano 1974, S. 21–29.

[3] Von diesem Augenblick an diskutierten die Teammitglieder nicht mehr darüber, ob eine Intervention angezeigt oder nicht angezeigt war, sondern sie begannen ganz einfach zu intervenieren. War das eine selbstherrliche Entscheidung des Psychologen oder eher passiver Widerstand? Zweifellos empfanden die Sozialarbeiterin und die Beraterin die Situation als zwanghaft; die Folge war, daß sie zwar physisch anwesend waren, im übrigen aber so taten, als ginge sie das Ganze nichts an (sie schwiegen während der Zusammenkünfte, murrten aber hinterher, übten Kritik und zeigten sich unduldsam) – eine prompte pragmatische Antwort auf den Umstand, daß der Psychologe den Fehler begangen hatte, sie in paradoxer Weise zur Mitarbeit zu zwingen.

[4] Dieses Bild ist nicht sofort und als Ganzes, sondern allmählich zustandegekommen. Der Psychologe, der zu Beginn seiner Intervention ja nicht über ausreichende Informationen verfügte, konnte auf diese Weise feststellen, wie wichtig es ist, sich ein möglichst klares Bild vom Kontext der Intervention zu verschaffen, bevor auch nur ein erster Schritt unternommen wird.

[5] Die Lehrer, die in den unterrichtsfreien Stunden Dienst taten, waren alle sehr jung und schlugen einen lockeren und freundschaftlichen Ton gegenüber den Schülern an, eine Tatsache, die in den Augen der Schulleiterin mit den pädagogischen Zielen nicht zu vereinbaren war.

[6] 32 von 400 Schülern bilden 8 % der schulischen Population. Dieser Prozentsatz liegt, verglichen mit der durchschnittlichen Zahl der Nichtversetzungen an den Mittelschulen dieser Region, deutlich über der Norm (Erhebung für das Jahr 1973).

[7] Die Gespräche zwischen dem Dezernenten und dem Psychologen gestalteten

sich außerordentlich schwierig. Der Dezernent war nämlich nicht davon abzubringen, das Team als eine Art sozialen Hilfstrupp zu betrachten, der nach dem Motto »Hilfe für Kranke, Verrückte, Alte und Arme« verfuhr. Dem Psychologen gelang es nicht, ihn über die wahren Absichten aufzuklären, die das Team in der Schule verfolgte. Für den Dezernenten stand nach kurzer Zeit fest, daß er es mit Dummköpfen und Faulpelzen zu tun hatte.

[8] Es ist tatsächlich schwierig und vom psychologischen Standpunkt aus gefährlich, von älteren Lehrern, die seit vielen Jahren in traditioneller Weise unterrichten, plötzlich die Anwendung ganz neuer didaktischer Methoden und das Bekenntnis zu völlig anderen Ansichten und Einstellungen zu verlangen.

[9] Der Lehrkörper war insgesamt verstärkt worden, weil das zahlenmäßige Verhältnis von Lehrern und Schülern geändert werden mußte.

[10] Die »linke« Gruppe isolierte sich sehr stark und pflegte auch außerhalb der Schule keinen regelmäßigen Kontakt mit den übrigen Lehrern.

[11] Man beachte die erhebliche Diskrepanz zwischen dem erklärten und dem tatsächlich verfolgten Ziel. In der Schule von B. C. erklärten alle, das »Wohl« der Schüler im Auge zu haben bzw. eine »bessere und solidere Erziehung und Bildung« anzustreben. In Wahrheit ging es den meisten Beteiligten aber um die eigene Bequemlichkeit.

[12] Hier scheint der Hinweis angebracht, daß das Vollzeitsystem für das nicht zum Lehrkörper gehörende Personal ein erhebliches Maß an Mehrarbeit bedeutete.

[13] Schulleiter und Elternvereinigung (mit Zustimmung der Lehrer) des Vorjahres.

[14] Es ist durchaus verständlich, daß eine Schulleiterin deutlich auf die Schwierigkeiten hinweist, die mit der Einführung von Neuerungen verknüpft sind, welche immerhin den Rahmen des gesetzlich Möglichen voll ausschöpfen. Die Schulleiterin muß als Beamtin schon von ihrer Rolle her dafür sorgen, daß die gesetzlichen Vorschriften beachtet werden. Daß die Schulleiterin von B. C. die Lehrer daran erinnerte, daß im Abstand von vier Monaten eine Beurteilung und Benotung der Schüler nötig war, bedeutete noch keinen grundsätzlichen Widerstand von ihrer Seite.

[15] Der Psychologe brachte in den Lehrer- und Elternversammlungen nach Möglichkeit psychologische und pädagogische Gründe zugunsten des Schulversuchs vor und überließ es den Lehrern bzw. der Sozialarbeiterin, gesellschaftspolitische Begründungen dafür vorzutragen.

Wie die Schulleiterin schon beim ersten Gespräch deutlich erklärt hatte, erwartete sie, daß der Psychologe als Kliniker auftreten und den von der Schule gemeldeten fehlangepaßten Schülern als Psychodiagnostiker und eventuell als Psychotherapeut gegenübertreten würde. Es war ganz offensichtlich, daß ein Psychologe ohne den weißen Kittel des Arztes in ihren Augen nichts galt.

[16] Ein Vollzeitsystem, das als schlichte Erweiterung des schulischen Zeitplans über den ganzen Tag konzipiert war und bei dem kein Unterschied zwischen Vormittags- und Nachmittagslehrern mehr vorhanden war, traf bei niemandem auf Ablehnung oder Widerstand. Mit seinem Einwand, man könne die Schüler unmöglich zu einem so harten schulischen Rhythmus zwingen, ohne auch die Inhalte und Methoden ganz wesentlich zu reformieren, sah sich der Psychologe –

auf dem Weg über das Stichwort »geistige Hygiene« – unversehens auf der Seite der »linken« Lehrer, die aus »politischen« Gründen Veränderungen anstrebten.

[17] Als Alternative wird eine wie auch immer geartete Reform erwogen, die über die in der vorangegangenen Anmerkung beschriebene Veränderung hinausgeht. Für die Schulleiterin von B. C. war die Vorstellung, in der Schule etwas anderes als das Muster von »Unterricht-Abfragen-Noten« zu erleben, ein gefährliches Sakrileg.

[18] Es kam häufig vor, daß die Schulleiterin den Psychologen in ihr Sprechzimmer bat. Manchmal wollte sie sich nur über das Verhalten von Schülern oder Lehrern beklagen, oder sie wollte ihm einzelne Fälle von Nichtangepaßtheit eines Schülers vortragen, die übrigens von ihr ganz willkürlich ausgewählt wurden. In den Versammlungen bat sie den Psychologen stets, sich neben sie zu setzen, so daß alle übrigen Anwesenden ihm gegenübersaßen. Im Umgang mit ihm gab sie sich stets sehr liebenswürdig und höflich.
Alle diese Veranstaltungen waren im Grunde eine verdeckte Kommunikation: Die Schulleiterin wünschte sich dringend eine Allianz mit dem Psychologen, um ihre eigenen Thesen zu stärken. Die Tatsache, daß der Psychologe diese Gespräche akzeptierte und sich stets in liebenswürdigem und ehrerbietigem Ton an die Schulleiterin wandte, wurde von der Gruppe der »linken« Lehrer negativ, nämlich als politische Nachgiebigkeit und Kompromißbereitschaft gedeutet. Auch diese Kritik enthüllte den Wunsch (diesmal der »gegnerischen« Gruppe) nach einer Allianz. Mit seinem Verhalten enttäuschte der Psychologe schließlich alle Beteiligten.

[19] Das Dokument wurde dem Lehrerkollegium vorgelesen und nach kurzer formaler Diskussion praktisch einstimmig in allen Teilen – vorbehaltlich zukünftiger Änderungsvorschläge – angenommen.

[20] Haley, J.: Verso una teoria dei sistemi patologici. In: Zuk, G. H. und I. Boszormenyi-Nagy: La famiglia: patologia e terapia, S. 39–40.

[21] Dazu gehörte der Gedanke an sexuelle Aktivitäten der Schüler in den Toiletten, an Verwüstung und Zerstörung der Schule und an schwerwiegende Beeinträchtigungen des Verhältnisses zwischen Lehrern und Schülern.

[22] Vor allem zwei Vorschläge erschienen nicht ganz so unmöglich wie die übrigen: Begrenzung der Anzahl der »ergänzenden Aktivitäten« und ihre ausschließliche Verlegung auf den Nachmittag; Abschaffung des sogenannten organisierten Spiels. Auch in der Frage der Führung der Schule im allgemeinen wurde eine vage Übereinstimmung erreicht, auf die später noch einzugehen sein wird.

[23] Als »unmöglich« bezeichnete die Schulleiterin beispielsweise eine Abänderung des Stundenplans, wie sie im Zusammenhang mit der Neustrukturierung der Schule notwendig gewesen wäre (»Die Lehrer haben ihre Arbeitsprogramme nun fertiggestellt und würden das nicht hinnehmen«). Ebenso »unmöglich« war es auch, den Lehrern in einem Gespräch klarzumachen, daß sie sich »skandalös« benahmen – hier ging es vor allem darum, daß einige der jungen Lehrer sich mit den Schülern duzten –, sie würden ihr »ja doch nicht zuhören«.

[24] Aus einem gewissen zeitlichen Abstand betrachtet bedeutet diese (indirekte) telefonische Einladung durch die Sekretärin anstelle der direkten Kommunikation mit der Schulleiterin eine ausgesprochene Zurückweisung des Psychologen.

[25] Auf Wunsch der Behörde führte die Inspektorin auch ein kurzes Gespräch mit dem Psychologen. Allerdings zeigte sie sich sehr wenig interessiert an seinen Mitteilungen und Ansichten und hörte ihm kaum zu. Zum Schluß der Unterhaltung rief sie aus: »Die Provinz kann sich gratulieren, daß sie sich den Luxus leisten kann, jeden Schulversuch durch einen Psychologen begleiten zu lassen!«

[26] Nur wenn eine entsprechende Kontrolle vorhanden ist und wenn sichergestellt ist, daß die Auswirkungen nicht zu gewaltig sind, kann der Familientherapeut Strategien anwenden, die auf der paradoxen Vorhersage und der paradoxen Verschreibung fußen. Dagegen ist die paradoxe Verschreibung sinnlos, wenn es sich um ein so weitläufiges System wie das von B. C. handelt.

[27] Ebenso beschuldigen auch Familien bei einem Fehlschlag der Therapie den Therapeuten der Aufrechterhaltung und Wahrung des pathologischen Gleichgewichts.

[28] Siehe in diesem Zusammenhang die Ausführungen der neuen Direktorin von B. C. in dem Jahr, das auf den Schulversuch folgte (S. 119).

[29] Unter der »uneingestandenen Koalition« verstehen wir mit J. Haley ein Bündnis, das dann entsteht, wenn ein bestimmtes Verhalten auf das Vorhandensein einer Koalition hinweist, die aber, wenn sie näher untersucht werden soll, geleugnet wird.

[30] Nach dem begrifflichen Modell, an das die Gruppe sich hielt, geschieht Kommunikation bekanntlich weniger durch *Worte* als durch *Handlungen*. Kommunikationen, die implizit in Form von Verhalten erfolgen, sind deshalb sehr viel wirksamer, wenn es darum geht, Veränderungen herbeizuführen, als explizite Kommunikationen.

[31] Hier handelt es sich um das gleiche Team, das auch in der Modellschule tätig war, von der auf S. 127 zum erstenmal die Rede ist. Aus dem vorliegenden Kapitel ist ersichtlich, daß das Team im folgenden Schuljahr die entsprechenden Lehren aus seinen früheren Fehlern gezogen hatte.

Bibliographie

Ashby, W. R. (1966): Design for a brain; the origin of adaptive behaviour. 3. Aufl. London (Science paperbacks).
– (1974): Einführung in die Kybernetik. Frankfurt am Main (Suhrkamp).
Barbagli, M. u. M. Dei (1972): Le vestali della classe media. Bologna (Il Mulino).
Bateson, G. (1972): Steps to an ecology of mind. New York (Ballantine Books).
Berne, E. (1967): Spiele der Erwachsenen. Reinbek bei Hamburg (Rowohlt).
Bertalanffy, L. v. (1971): General system theory. London (Allen Lane).

Calegari, P. (1973): Lo psicologo nella scuola sperimentale. Rom (Armando).
Cancrini, L. (1974): Bambini diversi a scuola. Turin (Boringhieri).
Ceccarello, F. u. F. De Franceschi (1974): Psicologi e societá. Mailand (Feltrinelli).
Cesareo, V. (1968): Insegnanti, scuola, societá. Mailand (Vita e pensiero).

D'Amato, G. (1973): Verso una nuova psichiatria infantile. Neapel (Idelson e Gnocchi).
De Bartolomeis, F. (1972): Scuola a tempo pieno. Mailand (Feltrinelli).
De Benedetti, M. (1972): La scuola media impossibile. Bologna (Il Mulino).
Groppo, M. (1970): Problemi di psicologia dell'educazione. Mailand (Vita e pensiero).
Haley, J. (1970): Verso una teoria dei sistemi patologici. In: G. H. Zuk u. J. Boszormenyi-Nagy (Hrsg.): La famiglia: patologia e terapia. Rom (Armando).
– (1963): Strategies of psychotherapy. New York (Grune & Stratton).

Hall, A. D. u. R. E. Fagen (1956): Definition of system. In: General System Yearbook, 1.
Jacobson, L. u. R. Rosenthal (1971): Pygmalion im Unterricht. Weinheim – Berlin – Basel (Beltz).
Lumbelli, L. (1974): Pedagogia della comunicazione verbale. Mailand (Angeli).
Mucchielli, M. (1972): Les méthodes actives dans la pédagogie des adultes. Paris (Librairies Techniques, Les editions ESF).

Satir, V. (1973): Familienbehandlung. Freiburg i. Br. (Lambertus).
Selvini Palazzoli, M. (1970): Contesto e metacontesto nella terapia della famiglia. In: Arch. Psicol. Neurol. Psich., 31, 3, S. 203–211.
– (1972): Racialism in the family. In: The Human Context, 4, S. 624–629.
–, L. Boscolo, G. Cecchin u. G. Prata (1977): Paradoxon und Gegenparadoxon. Stuttgart (Klett).
–, L. Boscolo, G. Cecchin, G. u. G. Prata (1974): The Treatment of children through brief therapy of their parents. In: Family Process, 13, 4, S. 429–442.
Viola, N. u. G. Vecchi (1975): Il ruolo dello psicologo. Florenz (Guaraldi).

Watzlawick, P., J. H. Beavin u. D. D. Jackson (1974): Menschliche Kommunikation. 4. Aufl., Bern–Stuttgart–Wien (Huber).

–, J. H. Weakland u. R. Fisch (1974): Lösungen. Zur Theorie und Praxis menschlichen Wandels. Bern–Stuttgart–Wien (Huber).
Zappella, M. (1975): Il pesce bambino. Mailand (Feltrinelli).
(1975): Lo psicologo alla ricerca del suo sé. In: Psicologia contemporanea, 7, 8, 9, 10, 11; mehrere Verfasser.
(1972): I vestiti dello psicologo. Mailand (Emme edizioni); mehrere Verfasser.
(1974): La sperimentazione del tempo pieno nella scuola media in Lombardia. In: Quaderni della Regione Lombardia, 21; mehrere Verfasser.
(1974): Ricerche ed esperienze sulla innovazione educativa: la scuola a tempo pieno in Provincia di Milano. Provincia di Milano; mehrere Verfasser.

Sigmund Freud Studienausgabe
in zehn Bänden mit Ergänzungsband
Revidierte Neuausgabe – in der ursprünglichen Ausstattung

Herausgegeben von
Alexander Mitscherlich · Angela Richards · James Strachey
Mitherausgeber des Ergänzungsbandes
Ilse Grubrich-Simitis

An der großen Freud-Rezeption der siebziger Jahre hatte die *Studienausgabe* einen bedeutenden Anteil. Als sie 1969–75 erstmals erschien, erhielt sie begeisterte Pressestimmen:

»Ein Freud für alle. Diese Ausgabe ist wirklich eine Tat.«
Kölner Stadtanzeiger

»... sorgfältig und hervorragend ediert.« *Die Zeit*

Der umfangreiche kritische Apparat dieser ersten kommentierten deutschen Freud-Ausgabe umfaßt editorische Vorbemerkungen zu den einzelnen Schriften, zahlreiche Fußnoten sowie Anhänge. Die Vorbemerkungen und Fußnoten informieren u.a. über Entstehungszeit und -umstände des betreffenden Werks, über Textveränderungen, die Freud bei Neuauflagen einführte, sie erläutern die vielen literarischen und historischen Anspielungen, machen auf Parallelstellen aufmerksam, wenn Freud ein und dasselbe Thema in unterschiedlichen Zusammenhängen und in verschiedenen Perioden seines langen Forscherlebens behandelte, und regen den Leser durch ein Netz von Querverweisen zu weiterem Studium an. Der Anhang eines jeden Bandes ist mit Bibliographie, Abkürzungsliste, ausführlichem Namen- und Sachregister sowie einem Gesamtinhaltsplan der *Studienausgabe* ausgestattet.

Die *Studienausgabe* – zunächst im Rahmen der Buchreihe *Conditio humana; Ergebnisse aus den Wissenschaften vom Menschen* veröffentlicht – war vorübergehend nur in Taschenbuchform lieferbar. Jetzt wird sie auf vielfachen Wunsch wieder in der ursprünglichen Ausstattung vorgelegt. Gleichzeitig wurden die editorischen Begleittexte und die Bibliographien um Hinweise auf in der Zwischenzeit publizierte Freud-Neuerscheinungen ergänzt. Außerdem wurde das Querverweissystem der bei Erstpublikation nacheinander erschienenen Bände durch Angabe der konkreten Seitenzahlen vervollständigt, was den Gebrauch der *Studienausgabe* zusätzlich erleichtert.

S. Fischer Verlag

Sigmund Freud Studienausgabe
in zehn Bänden mit Ergänzungsband
Revidierte Neuausgabe – in der ursprünglichen Ausstattung

Die Bände sind nach Themen geordnet, wodurch dem Leser eine rasche Orientierung im vielgestaltigen Werk Freuds ermöglicht wird. Innerhalb der Bände gilt das chronologische Gliederungsprinzip.

Band I	**Vorlesungen zur Einführung in die Psychoanalyse/ Neue Folge der Vorlesungen zur Einführung in die Psychoanalyse** Mit einer biographischen Skizze Freuds von James Strachey, einer Einleitung von Alexander Mitscherlich, Erläuterungen zur Edition von Angela Richards und Ilse Grubrich-Simitis. 664 Seiten.
Band II	**Die Traumdeutung** 698 Seiten.
Band III	**Psychologie des Unbewußten** 465 Seiten.
Band IV	**Psychologische Schriften** 335 Seiten.
Band V	**Sexualleben** 336 Seiten.
Band VI	**Hysterie und Angst** 359 Seiten.
Band VII	**Zwang, Paranoia und Perversion** 362 Seiten.
Band VIII	**Zwei Kinderneurosen** 258 Seiten.
Band IX	**Fragen der Gesellschaft / Ursprünge der Religion** 653 Seiten.
Band X	**Bildende Kunst und Literatur** 326 Seiten.
Ergänzungsband	**Schriften zur Behandlungstechnik** 473 Seiten.

S. Fischer Verlag

Geist und Psyche
Begründet von Nina Kindler 1964

D. W. Winnicott

»Im Mittelpunkt von Winnicotts Werk stehen seine Überlegungen und Theorien über die primitive emotionale Entwicklung des Kindes. Zu diesem Thema lassen sich alle Arbeiten Winnicotts mosaikartig zusammenfügen, und um dieses Thema kreisen alle seine Überlegungen über Psychose, antisoziale Tendenz, falsches Selbst, das Stadium der Besorgnis und das Übergangsprojekt.«

Prof. Jochen Storck

Von der Kinderheilkunde zur Psychologie
Band 42249

Reifungsprozesse und fördernde Umwelt
Band 42255

Familie und individuelle Entwicklung
Band 42261

Fischer Taschenbuch Verlag

Geist und Psyche
Begründet von Nina Kindler 1964

Karen Horney

Der neurotische Mensch unserer Zeit
Band 42002

Karen Horney will ein genaues Bild des neurotischen Menschen zeichnen – mit seinen Konflikten, Ängsten, Leiden und vielerlei Schwierigkeiten, die er in seinen Beziehungen zu anderen und zu sich selbst hat.

Neue Wege in der Psychoanalyse
Band 42090

In dem vorliegenden Buch, durch das sie weltberühmt wurde, setzt sich die Autorin als Hauptvertreterin der Neopsychoanalyse kritisch mit den Erkenntnissen Freuds auseinander.

Unsere inneren Konflikte
Band 42104

Karen Horney ist der festen Überzeugung, daß jeder Mensch sich zeit seines Lebens ändern und an seiner Fortentwicklung weiterarbeiten kann. Insofern ist für sie die Therapie psychischer Störungen nicht bloß Symptombehandlung, sondern Persönlichkeitsbildung.

Neurose und menschliches Wachstum
Band 42143

In diesem Band erweitert die Autorin ihre Theorie von der Entstehung von Neurosen in der Weise, daß sie den neurotischen Prozeß als eine besondere Form der menschlichen Entwicklung, als die Antithese gesunden Wachstums, sieht.

Analytische Technik
Die letzten Vorlesungen
Band 42313

Diese letzten Vorlesungen der amerikanischen Psychotherapeutin sind insofern eine Rarität, als sich die Autorin zuvor kaum mit dem Thema, der psychoanalytischen Technik, beschäftigt hatte. Die klar und anschaulich formulierten Texte sollen kein Lehrbuch sein, sondern der individuellen Orientierung von Praktikern und Auszubildenden dienen.

Fischer Taschenbuch Verlag

Geist und Psyche
Begründet von Nina Kindler 1964

John Bowlby

Der englische Psychologe John Bowlby hat 1980 eines der anspruchsvollsten wissenschaftlichen Projekte der letzten 15 Jahre realisiert: Er hat den Entwurf einer vollständigen Theorie der Persönlichkeitsentwicklung beendet. Bowlby hat mit seiner Arbeit nicht nur die Erziehungsarbeit mit normalen Kindern, sondern vor allem auch die Behandlung gestörter Kinder, wesentlich beeinflußt. Sein Gedankengut ist so allgemein geworden, daß man darüber den Urheber, John Bowlby, fast vergessen hat.

Bindung
Band 42210

John Bowlby untersucht in diesem Band die Mutter-Kind-Beziehung bzw. die Trennung des Kindes im Alter von sechs Monaten bis zu drei Jahren. Das Bemerkenswerte daran ist, daß Bowlby eine Verbindung herstellt zwischen der psychoanalytischen Theorie und der Verhaltensforschung.

Trennung
Band 42171

In diesem Band beschreibt John Bowlby die Trennung von Mutter und Kleinkind, die Trennungsangst, den Trennungsschmerz und die dadurch verursachten psychischen Schäden.

Verlust, Trauer und Depression
Band 42243

Der Verlust eines geliebten Menschen ist stets ein schmerzliches Ereignis, das nicht selten zu langdauernden emotionalen Störungen, vor allem zu Angst und Depression, führt. Bowlby ist neben seinen Pionierarbeiten über die Auswirkungen fehlender mütterlicher Zuwendung auf das Kind auch für seine kühnen Neuformulierungen der psychoanalytischen Theorie bekannt.

Fischer Taschenbuch Verlag

Die Schriften der Anna Freud
Ausgabe in 10 Bänden

Herausgegeben von Helga Watson und Michael Schröter

Band I 1922–1936	**Einführung in die Psychoanalyse** **Vorträge für Kinderanalytiker und Lehrer** **Das Ich und die Abwehrmechanismen**
Band II 1939–1945	**Kriegskinder** **Berichte aus den Kriegskinderheimen** **»Hampstead Nurseries« 1941 und 1942**
Band III 1939–1945	**Anstaltskinder** **Berichte aus den Kriegskinderheimen** **»Hampstead Nurseries« 1943 bis 1945**
Band IV 1945–1956	**Indikationsstellung in der Kinderanalyse** **und andere Schriften**
Band V 1945–1956	**Psychoanalyse und Erziehung** **und andere Schriften**
Band VI 1956–1965	**Forschungsergebnisse aus der** **Hampstead Child-Therapy Clinic** **und andere Schriften**
Band VII 1956–1965	**Anwendung psychoanalytischen Wissens** **auf die Kindererziehung** **und andere Schriften**
Band VIII 1965	**Wege und Irrwege in der Kinderentwicklung**
Band IX 1966–1970	**Probleme der psychoanalytischen Ausbildung,** **Diagnose und therapeutischen Technik**
Band X 1971–1980	**Psychoanalytische Beiträge zur normalen** **Kinderentwicklung** **Gesamtregister**

Fischer Taschenbuch Verlag

Von Mara Selvini Palazzoli sind bei Klett-Cotta erschienen:

Mara Selvini Palazzoli, Stefano Cirillo, Matteo Selvini, Anna Maria Sorrentino

Die psychotischen Spiele in der Familie

Aus dem Italienischen übersetzt von Ruth Ensslin-Frey
Konzepte der Humanwissenschaften
1990. Ca. 320 Seiten, kart. · ISBN 3-608-95677-8

Nach der Abkehr von der Psychoanalyse und der Hinwendung zur Systemtheorie stellt dieses Buch einen neuen Wendepunkt im Denken von Mara Selvini Palazzoli dar: Mit Hilfe der Metapher des Spiels entwickelt sie synchrone wie auch diachrone Modelle der Psychose, die dem Individuum im Verhältnis zum System wieder mehr Gewicht verleihen.

Mara Selvini Palazzoli, L. Boscolo, G. Cecchin, G. Prata

Paradoxon und Gegenparadoxon

Ein neues Therapiemodell
für die Familie mit schizophrener Störung
Aus dem Italienischen von Georgine Steininger
Konzepte der Humanwissenschaften
6. Aufl. 1988. 172 Seiten, kart. · ISBN 3-608-95375-0

Mara Selvini Palazzoli

Magersucht

Aus dem Amerikanischen von Hilde Weller
Konzepte der Humanwissenschaften
4. Aufl. 1989. 331 Seiten, kart. · ISBN 3-608-95095-8

Klett-Cotta

Postfach 10 60 16, 7000 Stuttgart 10